JN078850

死にぎわに何を思う

日本と世界の死生観から

上村 くにこ 著

はじめに

いまの日本で、どう死ぬ覚悟をつけるか。

それを考えてもらうために、私はこの本を書きました。

神話、歴史、文学、漫画、そして日々の報道などの資料を使いながら、死生観の変遷を見てゆきます。

かつて人々は、死について考えるとき、宗教を絶対的な指標にしていましたが、戦後、その指標は「科学」になりました。

ヒトはなぜ生まれ、なぜ死んでゆくのかを、科学がじきに解明するでしょうし、不老不死の夢を実現するのもそう遠くないという楽観的な言説も見られます。

しかし少なくとも私たちの世代は、その恩恵（？）に浴することはないでしょう。せいぜい若返りと、ちょっとの延命を獲得できるのが関の山です。

私は長くフランス文学を研究してきたので、西洋人が「永遠の命」や「不滅」に対して、並々ならぬ憧れを抱き続けていることに、いっぽうで感動しながら、いっぽうで違和感も覚えてきました。

手塚治虫『火の鳥』や萩尾望都『ポーの一族』には、不老不死となった主人公が登場します。私は、マサトやエドガーといった主人公たちの、激しい絶望と孤独に共感し、そこから「死があるからこそ、本当の生きる意味が生まれる」というメッセージをくみ取りました。『鉄腕アトム今昔物語』のなかで不老不死であるはずのロボットが死に、生い茂る草に包まれて苔むす姿を美しいと感じました。

1章では、「死生観」という言葉を発明した加藤咄堂の著作と、夏目漱石の『こころ』から、戦前の死生観について検討します。

2章では、二〇世紀後半、イギリス・アメリカで「デス・スタディ（死学）」がどのように生まれたか、またそれがどのように日本に受容されたかを紹介します。日本とヨーロッパの死生観の比較もしてゆきます。

3章では、戦後の日本人の死生観の特徴を、「がん」をキーワードに考えてゆきます。

4章では、今日もっとも注目を浴びている安楽死が、世界各国でどんなふうに議論され、実行されているかを見てゆきます。

終章では、結論に替えて、これからの死に方のいくつかの光をかいまみてゆきたいと思います。

もくじ

第1章　死生観はどう変わってきたのか

死生観ってなに？

「死ぬには死生観が必要だ」

「近ごろは死生観が見えなくなったから覚悟が決まらん人が増えた」

世間ではこのようなことがよく言われています。

しかし、そもそも死生観とは何なのでしょうか？

死生観とは「自分はどう死ぬか」「死んだら自分はどうなるのか」についてのイメージです。

いつ、どう死ぬかなんてわかるはずがない、考えても無駄、だから考えないという人もいます。死ぬことよりも今生きることだけ考えていたらそれでいいのだ、というふうに。

しかし、どう死ぬかということと、どう生きるかということは、紙の表裏のように、切り離すことができません。

「太く短く生きる」と考えて生きているのと「細くても長く生きる」と考えているのとでは、微妙に日常生活が違ってくると思います。はっきりと意識していなくても、あと何年生きるつもりかによって、気がつかないうちに、生き方が違ってくるのです。

まことに、生と死は、昼と夜のあわいのように、区分しがたく溶け合っている瞬間があります。

ほとんどの人がそういった瞬間に遭遇しますが「死ぬかと思った」と言いながら、すぐに忘れてしまいます。

じつは私自身「死ぬかもしれない」と思ったことが二度あります。

一度目は一九七八年、三四歳のときでした。

博士論文を準備してフランスと日本を何度か往復していたころ。当時最も安い飛行機便といえば大韓航空でした。ソ連とは冷戦たけなわのころで、飛行機はソ連領土の上を飛ぶことはできず、パリから北極圏を回ってアラスカ州アンカレッジまで飛び、そこから日本行きの便に乗り換えるのが一番近くて安いルートでした。

ところが、私の乗った大韓航空機は、なぜか北に直進せずにソ連の領空を侵犯し、ソ連軍ミサイルに狙撃されたのです。

乗り込んでから六時間あまりのことで、私は眠りこんでいました。突然の衝撃音と激しい揺れにふと窓の外を見ると、主翼が半分くらいもげて、そこから赤い炎が一筋舞い上がっていました。

「あっ、キレイ」と一瞬思いました。なにが起こったのかわからず、アナウンスは「ヘッド・ダウン」「ヘッド・ダウン」と繰り返し叫んでいるだけです。隣に座ったベトナム人の女の子が「私たちどうなるの？」と聞いてきましたが「わからない」と首をふるしかありません。死ぬかもしれないと思いました。

そのとき魂の底から湧き上がってきたのは、残してゆく二歳の娘に申し訳ない、という思いでした。不思議なことに父母や夫には「十分していただいて、ありがとう」という気持ちしかわきませんでした。

追撃されてから、パイロットはひび割れた飛行機が空中分解するのを避けるために急降下を続け、不時着できる平らな場所を探して、ノルウェー国境に近い森林のうえを、低空飛行でさまよい続けました。何度も黒く大きな木々にぶつかるかと思いました。そのあいだの二時間あまり、これまでの人生を考える時間は十分すぎるほどありました。

パイロットは固く凍った四月の湖に不時着を敢行しました。

一瞬窓の外に火が上がるのをみて、もはやこれまでと思ったのですが、すぐ火は消えて、ようやく、私たちは助かったと確信したのです。

一〇〇人近くいた乗客は全員拍手しました。

公民館のようなところに一週間ほど収容されている間に、いろいろな日本人と話をしました。飛行機がさまよっている間、家族に向けて遺書を書いた人がたくさんいて、それを見せ合ったりしました。ミミズの這ったような字で、家族にあてたものばかりでした。遺書を書くなど思いつかなかった私はとても恥ずかしいと思いました。

しかし「喉元過ぎれば熱さを忘れる」というように、死に胸倉をつかまれた体験は、時間が経つとともに薄れてゆきました。

死を垣間見た話は、日常会話では憚られることが多く、記憶の奥の奥にしまわれて、めったに思い出すことはなくなり、人に聞かれてもあまり話したくないと思うようになっていったのです。

それは、たとえば阪神大震災の被災者が、時間がたつうちに、震災の話をあまりしなくなっていったのと同じです。

中国での戦争体験を決して語らなかった私のおじさんも、同じ気持ちだったのではないか、と今になって思います。

再び死神にぐいっと体をつかまえられる体験がやってきました。

それから三八年後の二〇一六年の六月、風邪をひいてひどい咳がでるので、かかりつけ医に診てもらいました。

「キャンペーン中でタダだから」とレントゲン撮影を勧められるままに、何の気なしに受けたところ「胸にレモンみたいな影がありますよ」といわれたました。

翌日大きな病院で生検をうけ、一週間後結果を聞きに行きました。

病院に向かう私の気持ちは、「ガンにちがいない」「いやそんなはずはない」と希望と絶望の間を激しく揺れ動いていました。

先生から告げられたのは、容赦のない現実でした。

「上村さん、やっぱりガンでした」と。

しかし、そう言われたとき、体がカッと熱くなって「ああ、死ぬまで生きてやる」と心の底から決心のようなものが沸き上がってきました。

激しい滝水に頭を直撃されたときのような感覚でした。

けれど、その感覚は「いつ入院するか」とか「家族にどう告げようか」、「肺がんの余命率何パーセント」というような現実問題が次々とやってきて、持続しませんでした。

「死を抱き込んだ生」という実感を日常的に持ち続けることは、とても難しいです。

昔は死ぬのに死生観なんていらなかった?

私は二度も死にかけましたが、いまもちゃんと死ぬ覚悟はできていません。

仏教学者の山折哲雄さんは、むかしから人は「死生観」などと叫ばずとも、ちゃんとみな死んで来たのに、今ほど死ぬには死生観が必要だと叫ばれているときはないと言います。

そんなことになったのはここ三十年、四十年来のことだそうです。それまではそんな言葉を知らなくても、人生五十年、子育てが終わったら人は死ぬんだよ、ということをわきまえて、ちゃんと死ねたのに、今はそれがなくなってしまったと。

「今は人生八十年で、これからは人生九十年、いや百年をめざそうではないかという掛け声が聞こえるようになった。そしてその声がだんだん高くなっている。共生、共生の大合唱のはてに、ついに人生九十年万歳、人生百年万歳の賛美の声だ」と嘆くことしきりです[1]。

「死ぬこと」は悪いこと、敗北という考えがあたりまえとして流布しています。


私が肺がんになったと知った友人たちは、必ずこう言います。

「医学がどんどん進んでいるから大丈夫」

私もがんになる前は、慰めるつもりで、がん患者に同じようなことを言ったかもしれません。

しかし真実は、がんの治癒は不可能ではないかもしれないが、いまだに完治は困難な病気で、医術で必ず克服できると信じるのは無理があること、もし運よく治癒できたとしても、他の理由で人は必ず死ぬということです。

とはいえ「でもヒトはいつかは死ぬものですから」などと返事をすると、相手は当惑して「そんなマイナス志向ではだめ」「頑張って」という返事がくるので、このようなひねくれた返事はしないことにしました。

とりあえず助かる道を探して、インターネットで調べたり、本を買いあさってみたものの、あまりにも多様で異なった情報の大渦巻のなかで、ますます不安と恐怖が募ります。「治療法は患者の責任で決める」と言われても、どう生きたいか、どう死にたいか腹が決まっていなければ、ただオタオタするだけです。

その覚悟のつけ方を、私たちはたった五十年余りで忘れてしまったのです。


ほんの七十年前までは、日本人の平均寿命は五十歳でした。

「どんなに長生きしても人生五十年」、なんとか子供を十五歳くらいまで育てたら、人生すごろくは上がりと考えられていました。

明治になっても平均寿命はそれほど伸びず、五十歳を超えることは決してありませんでしたから、「人生五十年」は不変の真理のように見えたのかもしれません。

しかし、一九四七年にやっと五十歳を超えるやいなや、ウナギのぼりに数字は伸びて、二〇一七年には、男性の平均寿命は八一歳、女性の平均寿命は八七歳にまでなりました。

ちなみに、この統計の意味は、二〇一七年に生まれた女性が、平均して八七年生きられるだろう、ということです。二〇一七年に亡くなった女性の平均年齢が八七歳ということではありません。

自分があと平均どのくらい生きられるかを知るためには、別の統計「平均余命」のほうを見ます。平均余命とは、ある年齢の人がどのくらい生きられるのかを年齢別死亡率から計算して出したものです。

それによると、年齢と平均余命の合計は、年をとるほど平均寿命より長くなります。たとえば二〇一七年のデータでは、六五歳の男性はあと平均二十年、女性はあと二十四年半生きられます。八十歳になると男性の余命は九年、女性は十二年。さすがに九十歳になると男性は四年、女性は五年半となります。

日本の経済成長率はもう伸びないけれど、寿命だけは右肩あがりでこれからも上がってゆくと誰もが信じています。医療技術が永遠に進歩し続けると思っているからです。人間の遺伝子は百二十歳まで生きるように設定されていると言われ、百二十歳を目指すというスローガンさえ聞こえるようになってきました。

しかし、その一方で「人は必ず死ぬ」ということが見えなくなっているのです。

死生観という言葉は明治時代の造語だった

死生観という言葉は、生と死を同じ比重で考えることを前提としています。生きることはすなわち死ぬこと。死に赴くことを、生の重さとともに引き受ける、という人生観です。

この考え方はなんとなく、大昔から日本人の心にしみついているように思えるので、ずいぶん昔から使われてきたような気がしますが、実は明治の終わりころに定着した言葉です。

「恋愛」や「社会」という言葉と同様、明治時代の新造語なのです。

加藤咄堂（トツドウ、以下トツドウさんと呼びます）という当時の知識人が、一九〇四年（明治三七年）『死生観』という本を出しています。翌年には続けて『増補　死生観』を出しました。

この本こそ初めて「死生観」という言葉を定着させ、日本人が死をどう思ってきたか、これからどう考えてゆくべきかを、歴史的に、そして世界を視野にいれて書いた重要な資料なのです。

ここで、当時の死生観を知るために、『増補　死生観』をざっと読んでいきたいと思います。

トッドウさんは「雄弁学の権威」とされるだけあって、その文体はおおげさで美文調。「人生の大問題」というタイトルから始まっています。

「生まれたものは必ず死ぬ、では死から何が生まれるのか」

これが永遠の問題であると言うのです。さらに、こうした問題は、哲学や科学の及ばないところで、本来は宗教の領域のものだったと考えています。

ところがこの時代、宗教を頼りにすることが難しくなってきた、とトッドウさんは続けます。

死んでも霊魂は存続するという考え方は原始人以来のものだったけれど、科学がここまで発達すると、現代人はもうそれを信じることができない、では科学や哲学が宗教にとって替わるほど説得的かというと、科学はただ死の状態を示すだけだし、哲学も仮定の論理を弄んでいるだけで、頼りにならない。

ではとうしたらいいか！　というのがトッドウさんの問題設定だったのです。

トッドウさんの人生を見ておきましょう。

彼は明治二年、丹波亀岡の由緒ある武士の子として生まれました。維新の後、父は大阪で商業に転じましたが、まさしく「武家の商法」で貧乏のどん底にまで落ちてしまいました。

しかし父は教育熱心な人で、息子に口伝えで儒教を教えました。トツドウさんは法律学校や英語学校で学んだ後、代用教員などをしていましたが、二十一歳で築地本願寺の積徳（しゃくとく）教校（きょうこう）の教師となったことから仏教を学び始めました。

ジャーナリスト的センスがあったので、たちまちにして仏教界でその知識と才が認められ、出家はしていなくても、知識と経験では僧侶と同じ力量を持つ者として、講演や執筆で引っ張りだこ、それで身を立てられるようになりました。

やがて仏教だけでなく、教育勅語を中心とする「道徳教育」を推進するオピニオンリーダーとして活躍するようになるのです。

トツドウさんが『増補　死生観』を書いたのは三十五歳のときです。この本が仏教に基礎を置くことは確かですが、それに加えて、明治という時代の新しい知のいくつもの層を反映しています。

まず子供のときに学んだ儒教を基礎に、十代後半から学んだ英語や西洋哲学、法律・経済、それから仏典研究を深めます。明治二三年に出た教育勅語には深く共鳴して、「国民教化」運動の旗手となります。

トツドウさんは一般に「仏教学者」「教化運動家」と呼ばれていますが、彼の及ぼした範囲はそれだけにとどまらず、「死生観」というキーワードの名付け親となったのです。

さて、『増補　死生観』の中身に戻りましょう。

この本は次のような章立てになっています。


この章立てから分かるとおり、この本は「人が死にどう対峙してきたか」を歴史的に鳥瞰しています。そのうえで、先人の死に方を、トツドウさん自身の価値観で評価しているのです。


繰り返しになりますが、トツドウさんの問題設定は、次のようなものでした。

まず科学者によれば、人間は機械のようなもので、偶然に作られ、偶然に壊され、結局、いっさいは自然の法則に支配されているにすぎない。

宗教は人情の弱点をつかむ利点はあるが、理性が宗教を受け入れることがむずかしくなっている。

哲学は理性で納得させてくれるが、情がそれに納得できない。「死んだらどうなるのか」という問いに対しても「科学はただ死の状態を説明するだけだし、哲学も仮定の理論を説くだけだ」とトツドウさんはいいます。

科学もだめ、宗教もだめ、哲学もだめならどうしたらいいのでしょうか。

そこからトツドウさんは話を飛ばして、昔の日本人の死生観について解説していきます。古代人や「土人」の死生観を拾い読みしたり（宗教学や神話学のはしりと言えるでしょう）、日本神話や万葉集を引用したりしているのです。そこでトツドウさんが指摘しているのは、日本人が古代から深く霊魂の不滅を信じていたことです。

その後、儒教と仏教が入ってきましたが、両者の影響がありながらも、それとはちょっとちがう日本特有の死生観が平安末期に萌芽した、といいます。

儒教はもともと死生の問題に対しては冷淡なところがあります。

孔子も「未だ生を知らず、焉（いずくん）ぞ死を知らん（まだ生を知らないものが、どうして死を知ることができようか）」と言っているように、もともと儒教は、死ぬことを考えるよりは、正しい行いをし、家庭を整え、国を治めるというような現世のことを考えるべきである、という思想ですから、死生観の入る余地は少ないのです。

そして、次に仏教が入ってきました。

輪廻転生・諸行無常の教えが浸透し、さらに陰陽道が蔓延して生霊・死霊の説が強力となりました。

これについて、トツドウさんは、平安末期の都は「怯懦」に流れた、と批判しています。しかし、都が「迷妄の雲」の中にある一方で、おもに地方の豪族のあいだから、日本特有の死生観が生まれてきた、と。

このへんがトツドウさんの最も注目すべきところだと思います。

たとえば、平清盛の嫡男・重盛の死に方を挙げて、それを賞賛しています。

重盛は、平氏一族の中でも、温厚で誠実な人物だったとされています。父清盛と後白河上皇が激しく対立したとき、その板挟みにあいますが、父にも、上皇にも逆らいたくないという気持ちを、重盛は有名な句に残しています。

「忠ならんと欲すれば孝ならず、孝ならんと欲すれば忠ならず」

そして、父清盛に「もし後白河上皇に剣を向けるなら、ここで自分の首を切ってからにしてくれ、そうすれば上皇への忠も父への孝も果たすことができるから」と命がけの嘆願をするのです。

おかげで両者の直接対決はかろうじて避けられますが、重盛は政治の舞台から隠遁。それまでの精神的ストレスのために病を得ます。浄土教に帰依した重盛は病室の四方に十二の灯篭をつけて、侍女たちが歌う賛歌の中で心の平安を得て亡くなったとあります。

この重盛の死について、トツドウさんはこう書いています。

「自ら死せず、静かに天命の尽くるを待ちしもの、この時代の死生観を見るべきものあり」[2]。

重盛が忠孝を貫いて、かつ静かで心穏やかな死を得たことが、トツドウさんの琴線に触れたのでしょう。


日本特有の死に方として、源義経の家来、佐藤継信の死に方も例に挙げています。

継信は屋島の合戦で義経をかばって敵の矢をうけます。

義経は急いで馬から飛び降り、「言い残すことはないか」というと、

「なにもありません。ただ、殿が出世されるのをこの目で見ることなく死んでいくのが心残りです。しかし、武人が敵の矢に当たって死ぬのは、もとより覚悟の上です。この死にざまが末代まで語り継がれるのは、この世の名誉、冥土の思い出となりましょう」と言ってどんどん弱っていきました[3]。

主人の身代わりとして死ぬのに、思い残すことは一つもないと恬淡と死んでゆくことにトツドウさんは感動しています。

死んで自分がどう報われようと思い煩うことなく、主従の義にしたがってただ死んでゆく単純さが武士道の元にあるのです。

ただし、こうした死に方は武士だけでなく、禅宗、日蓮宗等のお坊さんや、お公家さんのなかにも見られるとのこと。

たとえば鎌倉末期の公卿、日野資朝（すけとも）は、後醍醐天皇と組んで討幕を企てましたが、失敗して佐渡に流され、７年の流刑ののち、突然斬首刑に処せられます。

その時書いたのが、以下の辞世頌（じゅ）です。

五蘊仮成形　　私の体を仮に作っていた元素は
四大今帰空　　今空に帰ってゆく
将首当白刃　　刃が首を裁断して
截断一陣　　一陣の風となる

死ぬとは、一陣の風とともに体が壊れて空に帰ってゆくことでしかないという覚悟です。

突然思いがけなく死刑が執行されても、この世に対する名残も、あの世に対する心配も一つもないところにトツドウさんは注目しています。

この時代はすでに仏教の教えが十分浸透して、だれもが輪廻転生を信じていました。

しかし資朝は、死ぬ間際には死んでどこにゆくのかなどとはまったく心配することなく、

「天地の大霊に帰する」という穏やかな気持を抱いているのです。

ここにトッドウさんは注目して「死もなく、生もない、ただ自然という大海の波が打ち寄せたり、引いたりするだけである」と書いています。そういう感覚が、日本人の死生観のいちばん根っこのところにあるのだ、と。

「皆死を以って大地の大霊に帰するが如くに感じ、迷妄怯懦の観のこれに加わざることこれなり」[4]。

もう一つ、資朝の同族・日野俊基(としもと)の死に方もご紹介します。

俊基は資朝とともに討幕を企て、その時は刑を免れましたが、八年後再び討幕を企て、発覚して処刑されました。

これが、そのときの辞世の頌です。

古来一句　昔からいわれているとおり
無死無生　死ぬも生きるも問題ではない
万里雲尽　広い雲の尽きる所
長江水清　長江の水のように、私の心は澄み切っているただ、俊基作とされる、別の辞世の句も残っています。

秋を待たで葛原岡に消える身の露のうらみや世に残るらん

この句は少しこの世に心を残していますが、日が昇れば乾く露ほどのあっさりした名残なのです。

このように、すでに平安末期には、日本特有の恬淡とした死生観が生まれていました。その死生観は、武士の時代になると、禅宗の影響を深く受けて、さらに深まっていきます。

江戸時代の武士道

次に、『増補　死生観』の第二章、「武士道と死生観」をみてみましょう。

武士道は、仏教とならんで、日本人の死生観を支えるもっとも重要なバックボーンであると、トッドウさんは考えています。

トッドウさんは、自身が共鳴する死生観をもった人物として、四人の名前をあげて、そ

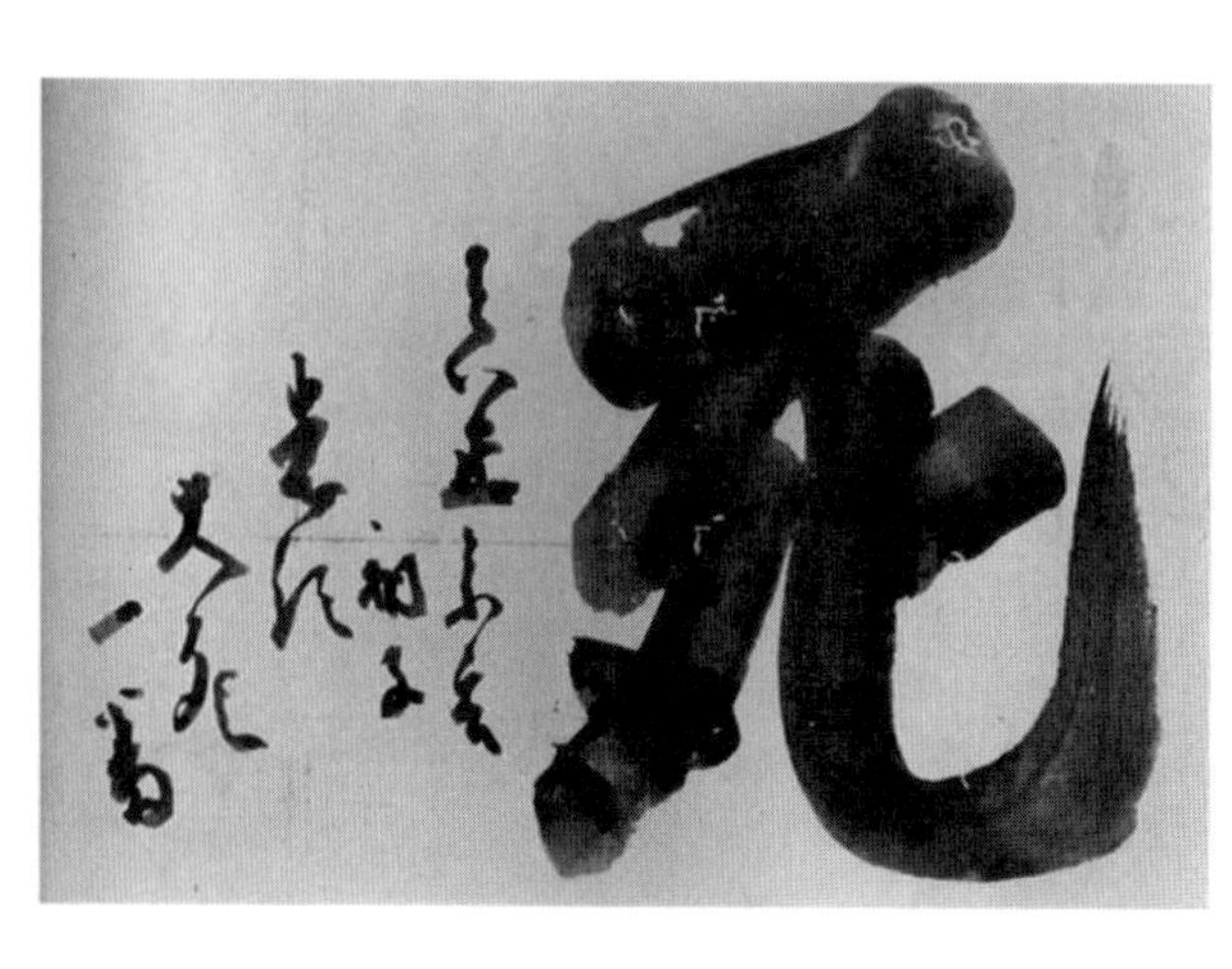

の死に方を紹介しています。山鹿素行、大塩平八郎、吉田松陰、白隠禅師です。

ここでは白隠禅師の話を少しだけご紹介しましょう。

白隠禅師というとあまりご存じない方もおられるかもしれませんが、武士ではなく、禅宗のお坊さんです。

「武士道」の章のなかに、なぜお坊さんが入っているのでしょうか。それは、トッドウさんが、武士道と禅宗は切ってもきれない関係にあると考えていたからです。

白隠禅師は臨済宗中興の祖として尊敬されている高僧ですが、戯れ歌も得意で、一般庶民にも分かりやすく「死」を語っていました。

ある日、禅師が大きく「死」という字を書いて、家中の若い武士に与えたところ、あたりの人が寄ってきて、感心して見入るのをみて、禅師は取りあえず即席で次のような歌を作ったといいます（写真）。

若い衆や、死ぬのがいやなら、今死にやれ
　一たび死ねば、もう死なぬぞや

臍の底で、一たび死んだ男には
　新田が槍も、刃も立たぬなり

禅で「悟った人」のことを「大死底に入る」といいます。自己をなくして死に切った大悟の境地をトツドウさんは「禅家独特の勇猛手段」と呼んでいます。

明治時代の武士道

明治時代になると、武士という存在がなくなってしまいました。
そこで武士道は廃れたのかというと、そうではなく、武士の伝統を下地にして、新しい道徳に生まれ変わったのです。

そのきっかけの一つになったのが、トッドウさんの『死生観』が出る四年前（一九〇〇年）、新渡戸稲造によって英語で書かれ、アメリカで出版された『Bushido, Soul of Japan』という本です。日本語訳は八年後に『武士道』というタイトルで出版されました。トッドウさんがこの本を読んだかどうかは不明です。

新渡戸稲造がこの本を書く動機になった有名なエピソードを紹介しましょう。

およそ十年前のことである。私はベルギーの法政学の大家、故ド・ラヴレー氏の家に招かれ、数日を過ごしたことがあった。ある日二人で散歩していたとき、私たちの話題が宗教問題になって、私はこの尊敬すべき老教授から「それでは、あなたの説によると、日本の学校においては、宗教教育はなされていない、ということなんですか」と、聞かれた。「ありません」。私がそう答えると、氏は驚いたように突然歩みをとめて「宗教がない！　それでどうして道徳教育を授けることができるのですか」と、くり返したその声を、私は簡単には忘れられないだろう[5]

新渡戸稲造は、西洋人の価値観で理解できるように、武士道を説明しています。

それによると、武士道は、儒教と仏教の長所だけを集めたハイブリッドによって江戸時代に確立したもので、一言でいえば「ノーブレス・オブリージュ」（身分の高い者は、相応の義務を負う）という道徳であり、規律を守り、公明正大な態度を守る「フェア・プレイ」の精神をその中核とする、ということです。

義を中心にして勇・仁・礼・誠と名誉を深く重んじるのはむしろ騎士道とも共通するところで、そこにはキリスト教のよさにも通じるものがあると続けます。

ただし武士道にはキリスト教の要である「愛」が欠けているかもしれないので、武士道とキリスト教が一緒になれば最高の道徳になるのではないかと述べています。しかし武士道とキリスト教を混合した文化はついに生まれませんでした。

明治時代もかなり進んでくると、明治の知識人は日本人としての精神的支柱が欠落していることを痛感します。昔のように儒教に依拠することは無理だし、心から帰依できる国民的宗教もない。西洋文化を取り入れつつ、天皇を中心とする国家を目指そうとするとき、儒教、宗教だけでは心もとない、新しい神話的枠組みが必要だ、と感じられました。

武士道はそこを埋める格好の支柱であると考えられたのです。武士の戦闘者としての泥臭さや狂気を完全に取り払い、道徳的側面を美しく詩的に強調します。

武士の教養で育てられ、洋学を学び、国民国家の精神的指導者たらんとした人たちは、皆そうした流れに沿っていました。新渡戸稲造もトッドウさんもその一人だったわけです。

さて、次に『増補　死生観』の三章から五章までを見ていきましょう。

ここから、一転して死生観の世界史のような趣を呈します。古代の釈迦、キリスト、孔子、ソクラテスを論じ、次に近世ではデカルト、スピノザ、カント、ヘーゲル、ショーペンハウアー等、「オールスターキャスト」です。トッドウさんは釈迦以外はだいたい「もの足りない」と断じています。スピノザ、カントだけは、宇宙精神を根本実在とする「現象即実在」と相通じるものがある、とちょっと褒めます。

最後は自然科学にまで論を進め、進化論や分子生物学を紹介し、エネルギーは形を変えてもその総量は変化しない、というエネルギー不変の法則も紹介して、科学も宇宙を機械と考えるだけではない、と持ち上げています。

いよいよ五章に至って、「死生問題」つまり死ぬとはどういうことかの答が示されます。トッドウさんは「肉体は滅びても、霊魂は永遠である」という考えを「古代の妄想」「科学を無視したる神秘主義」であると断じます。

しかし、では生命は肉体の一代限りで終わるのかというと、そうではないと言います。

「死生は宇宙の幻影のみ、ひと波退きてひと波来る」

生命とは、現れては消え、消えては現れる波のようなものだというのです。

最後にトッドウさんは、死に方を六種類に分類し、最初の三つを「よい死」、あとの三つを「悪い死」であるとしています。こういうところがとても現代的ですね。

それによると、よい死とは次の三つです。

①「生死一如」という仏教的達観に至って死ぬ
②死ぬことで社会的に生きようとする（英雄の死）
③死ぬのを天命として受け入れる

では、悪い死とはどんな死でしょうか。

①死んだら楽になるだろうと、自棄自暴になる
②あの世で幸福をつかもうと思う（自殺、情死）
③死んだら天国にゆけるという迷信を信じる

あなたなら、どれを選びますか？

トツドウさんは、この本を締めくくるにあたって、死ぬべき道があり、死ぬべき時があるのだから、これをきちんと見定めて、宇宙の活動に寄与しようと呼び掛けます。

もし人間が死なないのなら、自棄自暴になるか遊惰放逸に流れるだけで、何の活動も変化も望めず、学ぶところがひとつもない。死があるからこそ、苦楽があり、昇沈があり、

活動が生まれ、変化が望めるのだ。死があるからこそ社会は進歩するのであり、これこそ宇宙の妙なる配剤なのだ、とトーンはどんどん高揚してゆきます。

「死は人生の一大事実なり、しかり、喜ぶべき一大事実なり、楽しむべき一大事実なり。吾人はこれによって多くの教訓を得、多くの刺激を受けて、人生の真意義を解することを得たり」[6]

トツドウさんの基礎は仏教ですが、子供のときから身につけた儒教、青年のとき身につけた洋学、武士の生き方をすべてミックスして、いいとこ取りの死生観を打ち立てました。近代哲学の最新の問題にも目配りをしながら、仏教や日本の伝統の刷新を期待しています。だからこそ「死生観」という新しい言葉を作ったのです。

夏目漱石『こころ』を死生観から読み直す

さて、トツドウさんが『死生観』を書いたのは一九〇四年(明治三七年)、それから十年たって漱石の『こころ』が新聞に連載されました。トツドウさん発明の「死生観」という言葉は漱石も知らなかったかもしれません。

まして一般庶民はそんなことを考えず、身の回りでおこる自然なこととして、死を受け入れていました。

病院で死ぬのはよっぽど特別な事件で、たいていの高齢者は自宅で亡くなっていました。

夏目漱石の『こころ』には、主人公のお父さんの素朴な亡くなり方が描かれています。

私自身、若いころに読んだときは、お父さんの病気は、先生に遺書を書かせるためのプロットぐらいにしか思っていませんでしたが、今読み返してみると、実に味わい深く、漱石は先生の自死と、一般庶民の淡々とした死に方を対比し、両方に引き裂かれる主人公の気持ちの揺れを、克明に描いていることに感心しました。

ご存じの方も多いかとは思いますが、ここで少し、その内容を見てみましょう。


主人公の父は慢性の腎臓病を患い、徐々に弱ってゆきます。

あるとき、主人公は父が長くないことを覚悟して実家に帰りますが、帰ってみると、父が心配していたよりは衰弱しておらず、そう変わっていないのに拍子抜けします。

瀕死の病人のいる家を支配している空気が、実にゆったりとして呑気なのです。

「父は死病にかかっていることをとうから自覚していた。それでいて、眼前にせまりつつある死そのものには気が付かなかった」[7]とあるように、父は死の床につきながら「いっぺん東京にも行ってみよう。人間、いつ死ぬかわからないからな」などと言います。

母もしかたなく調子を合わせて「その時は私も連れて行ってもらいましょう」と答える

しまつです。医者も実にのんびりしていて、病気についてあまり説明せず、処方としては浣腸をするだけです。

「父は明らかに自分の病気を恐れていた。しかし医者のくるたびにうるさい質問をかけて相手を困らす質(たち)でもなかった。医者のほうでもまた遠慮してなんとも言わなかった」というような、阿吽(あうん)の呼吸が病人と医者の間にあるようです。

医者は親身に何度も往診してくれ、いざというときは「いつでも呼ぶように」と言って帰ります。いよいよ今日か明日かというときになっても、枕辺の看護人も居眠りするほどの呑気さで、病人は「深い眠りのうちにそっと置かれた人のように静かにしていた」とあります。

そんな静かな緊張感のなか、主人公は先生の長い手紙を受け取ります。「この手紙があなたの手に落ちるころは、私はもうこの世にいないでしょう」という箇所を走り読みした主人公は駅に走り、東京行きの列車に飛び乗ってしまいました。実の父の看取りを放棄して、心の父の運命にはせ参じるほうを選んだのです。

実の父がどんな臨終だったかは読者の想像に任されています。

とはいえ、誰もが穏やかで静かな死を想像するでしょう。

私はこの本の読書会をしたことがありますが、『こころ』で一番すきなところは、お父さんの病気のところだという若い人がけっこういました。また「お父さんのように死にたい」という中年の女性もいました。

そのような「平凡」だが穏やかな死に対比して、先生が死に向かってゆく鮮烈な過程が下巻で描かれます。

先生が主人公に出会ったころは、先生は親友Kの自死を意図的に誘発した自分の過ちを許すことができず、せっかく初恋のお嬢さんと結婚できたのに、幸福感を得るどころか、自分を許すことができなくて、どんどんと死に傾斜してゆき、ただ妻への憐憫の情のみがこの世に彼をとどめているという体でした。

先生は「死んだ気」になってしかたなく十年以上も生きてきたのです。主人公はそのような状態の先生に惹かれたのです。

同じように乃木大将も、しかたなく死んだ気で三十五年間生きました。

「自分は二十八歳のとき、西南戦争に出て敵に連隊旗を奪われたことの責任を取って、死のう死のうと思いながら、ついつい年を取ってお役にたたなくなってしまった」という遺書を読んで、先生はこう考えます。

「死のう死のうと思って生きてきた三十五年が苦しいか、刀を腹へ付き立てた一刹那が苦しいか、どっちが苦しいだろう」

先生も十年ほどそんな生き方をしてきたのだから、もうそろそろ決着をつけてもいいのじゃないかと思ったのでしょう。

先生は手紙の最後に「明治の精神に殉死するつもりだ」とも書いています。

若い人にはここが理解できません。HIDEや岡田有紀子さんの後追い自殺現象と同じかもしれないと言うと納得してくれます。十日間かけて書いた遺書（原稿用紙にすると二三〇枚以上、小包になるほどの量です）を残して、小説もそこでプッツリと切れます。先生がどのように死んだのか、奥さんはどうなったかは、私たちの想像に任されています。ところで乃木大将の殉死は、トツドウさんが提案した新しい死生観とはちょっとずれています。

トツドウさんの死生観の柱は仏教と儒教や武士道に西洋哲学をブレンドした折衷ですが、乃木大将は忠義を重んずる武士道に偏っているからです。

明治時代は西洋文明を模倣・移植しながら、いっぽうで禁欲的な道徳観と、封建的な武士道を精神的支柱とするという矛盾に満ちていました。

乃木大将はこの矛盾の中で三十五年間死を友とする生き方を続け、明治天皇の死をきっかけに、武士道的死をもって清算しました。先生は乃木大将のこの潔さに共鳴し、Kに殉死する決意をしたということになります。

漱石は明治の二つの対照的な死を描き出しました。いっぽうは明治という時代を鮮やかに反映する時代遅れの武士道的死と、トツドウさんがまったく扱わなかった素朴な死（当時の大多数を占めていたと思われます）の二つです。この素朴で一見平凡な死の価値は、昭和の民俗学によってやっと見直されます。

二〇二〇年現在、『こころ』が書かれてから百年以上が経ちました。

ふたつの死を目の当たりにした主人公は、その後どんな生き方＝死に方ができたでしょうか。私は、大切な二人の死に主人公は心をゆすぶられ、呆然と立ち尽くしている姿を想像してしまいます。

それは漱石自身の姿とも重なります。漱石は乃木や先生の死に方は、明治が遠くなるとともに、あり得ない時代錯誤となることをよく知っていました。

また東京の最高学府で学んでしまった主人公は「お父さん」のような死に方もできないでしょう。時代とともに西洋化が進み「個人」や「平等」が生き方のベースとなれば、知識人でない一般庶民も「自然な死」は望めないことを、漱石は感じていたに違いありません。

すでに三十六歳のときに書いた『吾輩は猫である』の終章のなかで漱石は、迷亭君にこう言わせています。

「あらゆる生存者がことごとく個性を主張し出して、だれを見ても君は君、僕は僕だよと云わぬばかりの風をするようになる。ふたりの人が途中で逢えばうぬが人間なら、おれも人間だぞと心の中で喧嘩を買いながら行き違う」

このようなメンタリティを持ってしまっては、父のような死に方はとうてい無理になってゆくということを、漱石はよく知っていました。そうではない生き方「則天去私」を標榜しますが、伝記などを読む限り、すべてを天に任せて心静かに逝くことはできなかったのではないでしょうか。それは主人公の姿、そして現代の私たちと重なります。

…………………………

1　山折哲雄『日本人と「死の準備」』角川SSC新書、２００９年、４ページ
2　加藤咄堂『死生観　史的諸相と武士道の立場』書肆心水、２００６年、42ページ
3　『平家物語』巻11の3
4　加藤咄堂『死生観　史的諸相と武士道の立場』49ページ
5　新渡戸稲造、須知徳平訳『武士道』講談社（Bilingual books）、22ページ
6　加藤咄堂『死生観　史的諸相と武士道の立場』１８１ページ
7　夏目漱石『こゝろ』岩波文庫、１９２７年、１２０ページ

第2章　死生学が生まれたのは二〇世紀半ば

「生」と「死」の組み合わせいろいろ

前の章でも触れたとおり、トツドウさんは、人間が生まれたり死んだりを繰り返すさまを、「引いては返す大海の波」に何度もたとえています。

このことからも分かるように、トツドウさんの死生観の中身は、やはり仏教の影響が一番強いといえるでしょう。

しかし、完全に仏教的な考え方というのではなくて、儒教や武士道、さらに洋学からも、ある程度の影響は受けているのです。

私たちがいま抱いている死生観も、トツドウさんと配合は違えど、さまざまな道徳や宗教の折衷という点は同じです。

さて、仏教用語に「生死（しょうじ）」という言葉があります。

たとえば「生死一如」というのは仏教界ではよく使われる言葉ですが、「生と死は一枚の紙の裏表のように切り離せないものである」という意味です。

また「生死事大」といえば「生きるか死ぬかは大切なことだが、今生きていることが一番大切だ」という禅宗的な意味になります。

じつは、トツドウさんが、「生死観」ではなくて、「死生観」という言葉を採用したのは、ひとつには、自身の考え方が仏教に直結していると思われたくなかったからなのです。

とはいえ、トツドウさんがはじめて「死生」という言葉を使ったわけではありません。もともと論語に「死生命あり、富貴天にあり」という名言があります。これは「生きるか死ぬかは運命によって決められ、富むか偉くなるかは天の塩梅である」という意味です。ですから漢文学に親しんでいた明治時代の人々には「死生」という言葉もあまり違和感がなかったのではないでしょうか。それで「死生観」もすんなりと受け入れられたのだと思います。

しかし「死生観」という言葉を外国人に説明するときは苦労します。説明的な言い方しかありません。

perspectives of life and death
View of life and death
Outlook on life and death

外国人にこの言葉を使って説明してみても、どうもしっくりこないという体験を何度もしました。めんどうくさくなって「死ぬ覚悟」と訳してみたら、「毎日そんなことを考えているのか」と目を丸くされました。外国には、「死生観」にふさわしい言葉はないようです。

死への新しいアプローチが「タナトロジー」と呼ばれるわけ

そもそも医学の第一目的は、「いかに病気を克服するか」ということです。

これまで医学としては、回復が無理な患者の面倒をどう見るか、という問題意識はまったくありませんでした。死にそうな人を助けることが成功で、人が死ぬのを見るのは失敗だったのです。

とはいえ十九世紀までは病院で死ぬのは富裕層だけでしたから、それでも特に問題はありませんでした。

しかし、医療が一般に普及していくにつれて、しだいにふつうの患者が病院で死ぬことが多くなりました。やがて先進国では圧倒的多数の人が病院で死ぬようになり、やっと「病院は死ぬ人をケアするすべを知らない」という問題意識が生まれてきたのです。

八〇年代になると、イギリスやアメリカで火急の問題として「いかに死ぬか」を考える研究が急速に増えてゆきました。福祉学や哲学、倫理学などの分野とも融合するようになり、当初、それは直接的に「death study」と呼ばれていました。

しかし、やがてもっと学問らしい、カッコいい名前が付けられます。

それが「タナトロジー」。西欧では、新しい発見にギリシア神話上の人物の名前をつける習慣になっています。この「タナトロジー」も、ちょっと気取っていますが、ギリシア

右タナトス、左ヒュプノス　中央ヘルメス

神話から取ってきた言葉です。

ギリシア神話では、死をもたらす神はタナトス（Thanatos）と呼ばれます。

タナトスは大きな羽根を背中に生やし、武装した若き美男子の姿をしています。タナトスがお迎えにくるときは、いつもそっくりの姿をした双子の兄弟と一緒です。その兄弟の名はヒュプノス（眠りHypnos）。

眠るように死ねるなら、ありがたい死神とお思いでしょうが、神話によれば、この兄弟は、戦場にしか出てきません。しかも立派な功績を果たした英雄のところにのみ来るのです。

戦士が見事な死を遂げると、二人がやってきて、死体を羽根でやさしく包み、案内役ヘルメスの先導でハデスが支配する冥途へと運びます。

古代ギリシアの壺絵には、髪を乱し、血を流して失神した英雄を運ぶ二兄弟を描いた絵がたくさん描かれています。

戦場にタナトスが頻々に出現するということは、戦士が戦死するときには、みな美しく死ねるとギリシア人は信じていたのでしょうか。そうではありません。戦場には別の死神も出没していました。

それは、ケールと呼ばれる女神です。この女神のほうは、戦士が勇気を失い、パニックに襲われて死ぬときにあらわれます。恐ろしい目で金切り声を出し、戦士を引きずり回してその黒い血をむさぼり飲むとうたわれています。

もう一人、アクリュースと呼ばれる霞の女神もうろついています。顔面蒼白で、膝は膨れ上がり、鼻汁を垂らし、頬からは血が垂れています。肩には涙でべっとりとした砂塵が積もり、飢えのために腰をまげ、歯をむきだして突っ立っているそうです。

戦場では「いい死」と「悪い死」がはっきり分かれていたのですね。「美しい死」をもたらすのは男神、悪い死をもたらすのは女神と、ギリシアの女嫌いは徹底しています。

とはいえ、タナトスの役割は、人間の息の根をとめ、道案内のヘルメスに助けてもらいながら、死の王国ハデスのもとに連れてゆくことだけです。

人がいつ生まれ、いつ死ぬのかを決めるのは、モイラと呼ばれる三人の姉妹でした。

この三姉妹は、人間に運命を与える役を担っている女神で、人間の運命を紡ぎ、その長さを計り、そして最後に切るという役を分担しています。彼女たちの決定には、最高神であるゼウスさえ口をはさむことができませんでした。

いわばタナトスはモイラの使い走りのようなもので、三姉妹が決めた、寿命の尽きた人のところに行って、冥府つまりハデスの館まで連れてゆくだけです。ただしモイラは初代の古い神で、神話にも壷絵にもあまり出現しません。ギリシア時代にはすでに、死は見たくないものだったのかもしれません。

ところで、「デス・スタディー」という語に対応する日本語として「死生学」という言葉が使われるようになったのは、一九七〇年ころからのことです。

まず医療や介護の現場に直接かかわる新たな学問として登場しました。しかし医学の枠には収まりきれない学問でもあります。もともと欧米でも学際的だったものが、日本に入るとさらに民俗学、歴史学、文学、映画、漫画などの分野とも関わりを持つようになりました。

さまざまな所にある「死の文化」を死生学の発想で見直すと、今までには気づかなかった多くの財宝が埋まっていることがわかり、たくさんの論文や本が生み出されてきました。

シシリー・ソンダースの三人の恋人

さて、ここで死生学の基礎を創った人物について見てゆきたいと思います。

死生学は、二人の女医の取り組みから生まれました。イギリスのシシリー・ソンダースと、アメリカのエリザベス・キューブラー・ロスの二人です。

二人に共通するのは、並ではない強い意志と、死んでゆく人々への深い思いやり・共感でした。二人とも「死んでゆく人とどう向き合うか」という問題に、全身全霊をかけて取り組んだのです。

それは単純な科学ではなく、極限状態の人間の心理にとことん付き添うということでした。実生活に足場を置かざるをえない女性だからこそ、このようなことが出来たのではないかと思います。

まずはイギリスのシシリー・ソンダース、1918年生まれです。裕福な家庭に生まれ、頭のいい努力家の少女でしたが、大女で容姿にコンプレックスを持っていました。

オックスフォード大学入試に失敗、当時大学とは認められていなかった教育機関（のち大学と統合したので、結局大学出になりました）で勉強しているときに、第二次世界大戦が勃発します。

シシリーは恐ろしい戦場の話を聞いて、二十二歳のときに「体をつかって人の役に立ちたい」と考えるようになりました。家族の反対を押して看護師学校に入り、看護師の資格を取ります。しかし生まれつきの脊椎彎曲の痛みが激しく、看護師の仕事は断念せざるを得なくなってしまいます。

看護師ができないなら「患者とともにいられる職を求めよう」と決め、ソーシャルワーカーの資格を取り直し、母校の病院で働き始めました。このとき彼女は二十九歳。若い時は挫折続きだったのですね。

ソーシャルワーカーになってはじめて担当したのは、デヴィッド・タマスという、ワルシャワから亡命してきたポーランド系ユダヤ人でした。彼はイギリスでウェイターとして働いていましたが、ある日がんが見つかったのです。

イギリスには家族も友人もなく、末期がんの激痛に苦しみ「自分の人生は無駄だった」という絶望感に苛まれていました。「私は死ぬのだろうか」というデヴィッドの問いに「イエス」と答える、これが二人の最初の会話だったといいます。

やがてシシリーは、入院した彼を訪問しては「とろけるような午後」をすごすようになります。

「いままでずっと僕は素晴らしい女性が現れるのを待ち焦がれていた。そしてやっと君が現れた」

シシリーは、彼との会話を手帳に詳しく記録しています。

ある夕刻、やるせない気持ちに襲われたデヴィッドは「たまにはなにか慰める言葉をかけてくれたっていいだろう」といいます。シシリーは思いつく詩編を暗唱しますが、デヴィッドは詩編が終わるたびに、もっと聞きたいというので、種切れになりました。

シシリーが手元にもっている詩編を読み上げてもいいかと聞くと「ダメだよ、僕は君の心の中にあるものだけを聞きたいんだ」とデヴィッド。シシリーは深夜帰宅し、「深く淵から」の詩編を徹夜で覚えて、翌日彼に捧げました。

そしてついに別れがやってきました。二人は「さようなら」の言葉を交わしただけでした。

夜遅くまで一緒にすごし、彼が寝入ったところを見て病院を出たシシリーは、その後彼が二度と目を覚まさなかったと告げられます。

二十五回の逢瀬のあいだに、デヴィッドは心の平安を取り戻し「人のために何かしたい」と思うようになったといいます。死の床にある自分がどうしたら人の役にたつのかを考え、そして「僕は君の家の窓になるよ」と言って遺言で五百ポンドをシシリーに残しました。

シシリーは、心の中に萌していたホスピスの理念を、デヴィッドに話してきかせていたのです。それは十九年後に、彼女がホスピス病院を建てる基金となりました。

彼が亡くなってから、シシリーは「末期患者を助けたい、痛みのコントロールを極めたい」と決意を新たにし、病院のソーシャルワーカーとして、さらなる努力を重ねます。

そんな彼女を見た上司のバークス医師はこんな檄を飛ばしました。

「末期患者を見捨てているのは医者なんだ。君は学校に戻って医学を学びなさい」

彼女は一大決心をして医学校に入学し、猛勉強をして成績優秀で卒業しました。三十九歳になっていました。


医師となってさらに鎮痛の研究に励んでいるとき、第二の恋人アントニーに出会います。やはりポーランド人の末期がん患者で、敬虔なカトリックであり、優しさと礼儀正しさを兼ね備えた紳士でした。妻と死に別れ、愛娘が一人。彼はいろいろな国に住み、最後は中東で従軍していたそうです。

初めての会話は、やはり死ぬことについてでした。二人が会ってから亡くなるまでたった三週間、しかもアントニーにとって英語は「八番目に得意とする」外国語でした。

「私はもうすぐ死ぬのですか？」

「そうです」

「それをいうのはとてもつらいでしょうね」

「はい、とてもつらいです」

彼は六人部屋におり、シシリーは、医者として友人として見舞うだけですから、二人が一緒だった時間は三〇時間くらいだったといわれています。しかし、二人が共有していた神へのゆるぎない信仰を媒体として、深い愛が交わされるには、三〇時間でも十分だったのです。

シシリーは三週間で、神と愛と死の三つのものが一つになったものを味わったといいます。

彼の死後、つらい喪の時間は長くつづきました。シシリーは彼の母国ポーランドについて学び、彼の好きだった絵画を見、音楽を聴きました。

その間もシシリーは、ホスピス病院の創設のために、数えきれない障害を乗り越え、一九六七年に世界初のセント・クリストファー・ホスピス設立までにこぎつけました。

シシリーの名言「Not doing, but being」（何かをするのではなく、そばにいること）というホスピスの神髄を定義する言葉は、二つの愛から絞り出されたものだったのではないかと私は思います。

やがて三番目の恋人が登場します。

ある日シシリーは、ふと通りかかったロンドンの画廊で見た絵が気に入り、衝動買いします。そして画廊主から画家の住所を聞いて、感謝の手紙を書きました。

「あなたの絵をこれから建てるホスピスのチャペルに飾るつもりです。その絵は私の心を勇気づけてくれます」

それから十七年後、シシリーは、その絵を描いた画家マリアンと結婚します。マリアンもやはりポーランド人でした。

先の二人の恋人との交流は、純粋に心の交流だったのに対して、マリアンとの結婚は現世的な成功を伴ったものでした。

そのころになると、シシリーは、ホスピス病院をたて、質の高い教育システムを考え、在宅医療体制を作る、という大仕事を精力的にこなしていました。

しかし、その一方で、彼女には傲慢で独裁者的な傾向が見られるようになり、同僚と険悪な場面になることも多々あったようです。

ところがそんなとき、マリアンが見事なとりなしをして、彼女の怒りを収めたといいます。

ポーランド人のマリアンには、イギリス男性にはちょっと苦手な、おだてながら上手に女性を取り扱う術がありました。そのおかげで、シシリーは安心して彼の前では「女らしく」振る舞うことができ、男性性・女性性のバランスが取れるようになったといいます。

彼女は仕事に身をささげる人であると同時に、十歳年上の夫に身をささげる「よき妻」であることができたのです。それはシシリーが少女の時から夢みていたことでした。マリアンが病気のときには、海外に講演に行っても、後の歓迎会には見向きもせず、そそくさと空港に直行したというエピソードが残っています。

キューブラー・ロス　蛹(さなぎ)から蝶へ

もう一人、死生学の基礎を築いた女性として、エリザベス・キューブラー・ロスが挙げられます。

彼女は一九二六年スイスのチューリッヒで、裕福で厳格な家庭の三つ子姉妹の長女として生まれました。自分とそっくりの妹たちに囲まれて、自分のアイデンティティーを確立するのが人生の最初のテーマだったといいます。

エリザベスがちょうど二十歳のとき、第二次大戦が終りました。

彼女は、平和義勇軍のボランティアとしてポーランドに出かけ、戦争の災禍を受けた家族の援助にあたりました。

この仕事で、エリザベスが特に強い印象を受けたのは、マイダネク強制収容所を訪れたときのことでした。

収容所にはまだガス臭が漂い、五段の狭い寝棚がぎっしりと並んでいましたが、エリザベスはその壁に、無数の蝶の絵が描かれていることに気づきます。蝶の絵には、稚拙なものもあれば、精密に描かれたものもありました。なぜ人々は死ぬ前にこんな絵を描いたのでしょう？

この疑問は二十五年後に解かれることになります。

ポーランドの体験から、エリザベスは医師になることを決意し、父の強い反対を押して、三十一歳でチューリッヒ大学医学部に進学します。そこでアメリカ人マニー・ロスと出会って結婚し、お互いの研究をさらに深めるためにアメリカに渡ります。

エリザベスは、マンハッタン州立病院やデンバーの病院で、精神科医として働きますが、死にゆく患者が医療の対象にならず、モノのように扱われていることに憤慨します。

そんな病院の中で、エリザベスはひとり「死にゆく患者に耳を傾けさえすれば、生について無限に多くを学ぶことができる」という確信を深めてゆきます。

彼女はとにかくよく働きました。流産を経験しながらも、二人の子供を産み、家庭ではよき妻、母になろうとしました。

やがてシカゴ大学の准教授となり、いよいよ死んでゆく病人に寄り添い、人生の終わりをサポートする仕事に集中するようになります。そこで、死にゆく患者に寄り添うこと、患者がなにを願っているかに耳を傾けることが一番大切であると気がつきました。そこで大きな課題になるのが「患者にいかに心を開いてもらうか」ということでした。

エリザベスは「私の死生学の師があるとすれば、それは病院で働く黒人の掃除婦だった」

と言っています。死の床にある患者の部屋を掃除して出て行ったあと、決まって患者の表情が明るくなるのを不思議に思った彼女は、まるでスパイのように掃除婦が仕事をするあとを尾行したといいます。

「あなたここで何をしているの？」

「なにもしていません。掃除しているだけです」

エリザベスが質問を続けると、掃除婦は、自分が子供を死なせた体験から、死にゆく人に深く共感することができるのだと話しはじめました。だから死の恐怖に硬直しているように見える人には、手を握って「心配することはない、死はそれほど怖いものではないですよ」と声をかけると教えてくれました。

この掃除婦がエリザベスの最初の助手となりました。

やがて「死とその過程」というセミナーを始めます。講義室に死が近い患者を招きいれ、患者たちに「死ぬということをどう感じているか」を直接学生たちに語ってもらうという大胆な試みです。

インタビューをするのはエリザベス自身。患者の気持ちに添って、臨機応変に質問してゆきます。死んでゆく人に対する共感と、たくさんの経験がなければ、患者から答えを引き出すような質問はできないでしょう。死生学は「死にゆく患者からすべてを学ぶ」ことが基本であるということを、エリザベスは何度も繰り返しています。

この大胆なセミナーは、医学生だけでなく看護師なども参加して常に満員となりました。雑誌『ライフ』もこの授業を取り上げ、大反響を呼びます。また、『死ぬ瞬間』という本を書き、国内外でベストセラーになりました[1]。

この本の中で、エリザベスは、人は死ぬことを受け入れるまでに五つの段階を経るという、五段階説を唱えています。最初は「自分が死ぬなんて間違いだ！」と逃避的に否認する「否定」の段階。第二段階になると「なぜ自分だけが死ななければならないか？」という怒りが湧いてくる。三番目の段階は「長くは生きられなくてもせめてこれだけは…そのためには〇〇をするから」という未練がましい取引の段階、そしてついには第四段階として「なにをしてもムダだ」という絶望感に落ち込む「抑うつ」の段階。そして最後に死を自然のサイクルとして心穏やかに受け入れる「受容」の段階です。

この死の「受容プロセス五段階説」はエリザベスの業績として最も有名ですが、これはあくまで「モデル」であって、この道筋を順番にたどってゆく人は少ないのではないでしょうか。死に喉元を舐められている私も、第五段階で心静かになったなと思うと、なにかのきっかけで、いっきに第二段階まで戻ることもしばしばです。

エリザベス自身もこの段階説があくまでモデルにすぎないことを、身をもって知らせてくれました。

名声が高まるにつれ、病院での居心地は悪いものになりました。

「死人を食い物にするハゲタカ」とよばれ、授業風景が雑誌に載った翌週のセミナーでは、教室はがらがら。病院側が圧力をかけて、学生に授業をボイコットさせたのです。死のタブーを真正面から破る彼女の勇気は、病院の激しい反感を買いました。

ついに彼女は病院をやめ、アメリカ中、世界中で講演をして回るようになりました。名声はさらに高まり、彼女の考えはだんだん受け入れられていきます。

しかしこのころからエリザベスは、もうひとつ大きなタブーを破り始めました。科学では決して踏み越えてはならない、「死んだらどこにゆくのか」というスピリチュアルな問題に取り組み始めたのです。

かねてよりエリザベスは「患者たちは死んだあとどうなるのか？」と自問し続けていました。患者からはしばしば臨死体験を聞いていましたし、エリザベス自身、十カ月前に亡くなった患者の幽霊がオフィスを訪ねてきて「いまの研究を続けるように」と言われたこともあったとか。このような不思議な体験をするたびに思い出すのは、二十歳の時に見た、強制収容所に描かれた蝶の絵だった、と自伝に書いています。

友人のつてで、チャネラー（霊媒師）に出会ってからは、数々の神秘体験や幽体離脱体験を重ねるようになります。またその体験を講演で生々しく語り、死後の世界の存在と、人間の魂の不滅について確信を深めてゆきます。

そうしたある日、やっと蝶の謎が腑に落ちました。死とは蛹（さなぎ）が蝶になるようなもので、肉体を脱ぎ捨てて、魂は別の世界に入ってゆくことを、死ぬ直前の魂は察知して、壁にその絵を残したのだと確信します。蛹から蝶が出るように工夫したぬいぐるみを手づくりして、死を前にした子供たちにも魂の不滅を教えました。

チャネラーに肩入れし、怪しげな心霊体験にのめり込むエリザベスに対して、科学者たちは「頭がおかしくなった」と決めつけ、医者としての評判はがた落ちになります。さらに夫のマニーも、妻が霊現象を扱うこと、仕事に熱中して家庭を振り返らないことを嫌って、ついに離婚を要求します。彼女は離婚を痛恨の思いで受け入れ、子供たちとも別れることになりました。

家庭を失い、ますます仕事に打ち込むようになったエリザベスは、エイズ患者の支援にも乗り出します。

当時エイズ患者たちは、その病因が解明されていなかったため、差別と偏見のなかでみじめな最期を迎えていました。彼女はそれに心を痛め、援助活動を始めたのです。特にエイズ患者の子供たちのために私財を投じて施設をつくろうとしますが、近隣住民の反対にあい挫折してしまいます。

やがて、エリザベス自身が病魔に襲われるようになりました。

セミナーのため、世界中を飛び歩いたことがたたったのでしょうか、エリザベスは、六十九歳から脳卒中の発作を繰り返すようになりました。とうとう半身不随になってしまった彼女は、アリゾナ州の砂漠の一軒家に移り住み、ヘルパーの介護だけで一人暮らしを始めます。

自分が障害者になってしまったことを呪い「神はヒットラーだ、甘いパイだけをくれると思ったら大間違いよ」といい、自分は死にゆく過程の一つ前の段階「抑うつ」と最後の段階「受容」の中間くらいにいるとインタビューに答え、エリザベスにカリスマ的聖女像を見たかった人々に、戸惑いを与えます。エリザベスは科学者のタブーを破って神秘体験に飛び込み、最後にはその神秘体験までもぶち壊してしまったのでしょうか。

小説家の田口ランディさんは「誰の心にもある障害者や重病人が『生きるに値しない』と考える、自分自身のなかにあるヒットラーの心と対峙したのだ」と書いています[2]。

寝たきりの人を世話することを引き受ける覚悟はできても、寝たきりになって世話されることを引き受ける覚悟ができている人は数少ないでしょう。エリザベスは医者でしたから、フロイトのように友人に安楽死を頼むこともできたでしょう。しかし彼女はこの苦難を「私が受けなければならない最期のレッスン」として受け入れ、それを人々に示したのです。

この点については、安楽死を論じる章で、また触れることにしましょう。

日本ではどのように受容されたか…八〇年代

このように、死生学の基礎はイギリスとアメリカで、ほぼ同時期に女性の医師によって始められました。到達点はずいぶん違ってきましたが、学ぶべきは患者からのみ、死んでゆく人に全面的に付き添うという二人の姿勢は共通しています。これが日本ではどのように受容されてきたかを、ざっと眺めたいと思います。

日本でも死生学は、まず医療や介護の当事者たちの実感が集積して生まれました。小シシリーや小エリザベスがたくさんいたのですね。

というのも日本では五〇年代から、家で亡くなる人が激減し、それに反比例して病院死が激増。七〇年代中頃にはついに折れ線が交差して病院で亡くなる人と家で亡くなる人が半々となり、それからも病院死がどんどん増えてきたからです。

二〇〇五年には病院死が82.4%にのぼり、在宅死は12.2%に落ち込みました。それからは、政府が病院を増やさないという方針をとったことによって病院死は少し減少し、二〇一六年には75.8%となっています。しかし在宅死率は13%とほんの少ししか増えていません。

代わりに増えたのは施設における死で、一九九〇年にはゼロだったのが、二〇一六年には9.2%を占めるようになりました。

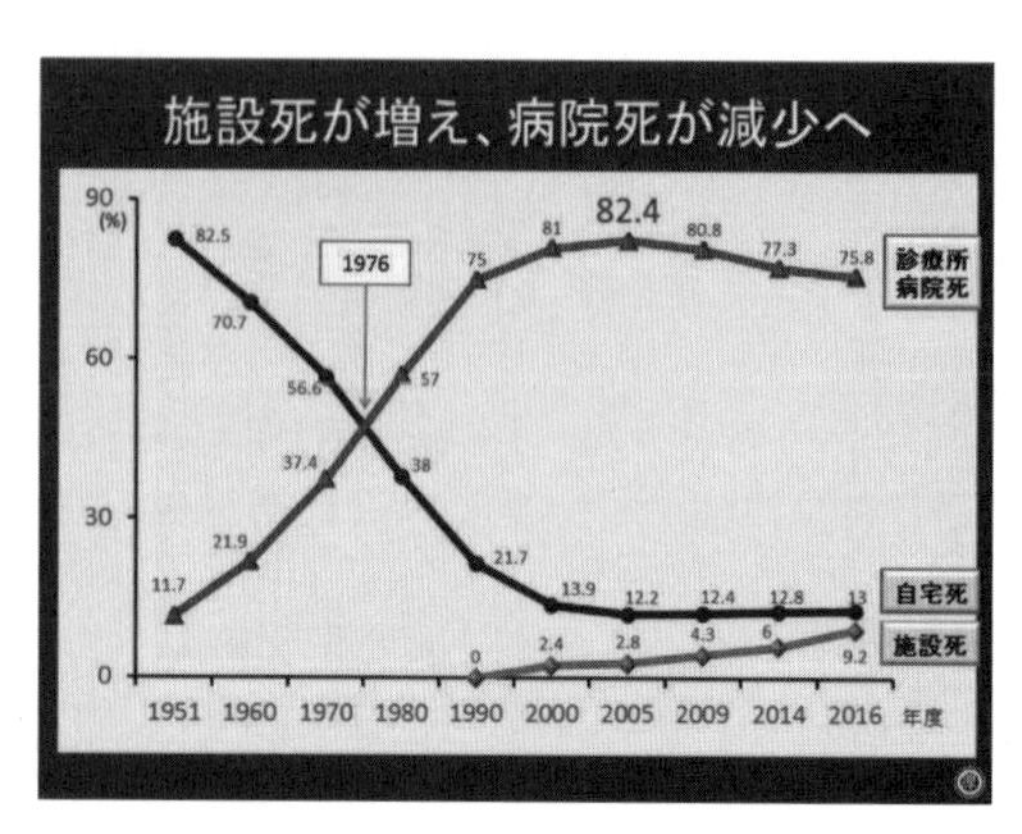

日本おける死亡場所の推移　厚生労働省「人口動態統計年報　主要統計表」より作成
（備考：1990 年以前は老人ホームでの死亡が在宅に含まれていた）

日本における死生学の始まりは一九七〇年代の終わりころ、病院死の比率が急激に増えた時期です。まず一九七七年に大阪で「日本死の臨床研究会」ができます。八一年には浜松の聖隷三方原病院に、日本初のホスピスが創設されました。さらに三年後に、大阪の淀川キリスト教病院に病棟型ホスピスができました。このようにキリスト教関係の人々を中心に施設ができていきました。

日本ではどのように受容されたか…九〇年代

九〇年代になると、この運動の幅はさらに広がって、「死ぬこと」を医療・介護の面からだけでなく、哲学や心理的な面からもみてゆこうとする動きが活発になりました。また、死んでゆく人だけでなく、看取る側の苦悩にも目を向ける視点が求められ始めました。

九〇年代のはじめ、死生学の先駆けの役を果たしたのは、アルフォンス・デーケンさんというドイツから来たカトリックの司祭です。彼は「死の準備教育」を提唱し、一九八二年に「生と死を考える会」を立ち上げました。この会は現在も活動が続いています。また上智大学の教壇に立ち、若い人々に、早いうちから死について考える大切さを説きました。

デーケンさんは一九三二年、ヒットラー政権下のドイツに生まれ、幼いころからたくさんの死と向き合ってきました。

八歳のとき妹を小児がんで亡くし、また戦火の町で同級生が焼夷弾で焼かれるのを見、自分も間一髪焼かれそうになる体験をしました。デーケン家はひそかに反ナチの運動をしていましたから、いつなんどき家族が殺されるかわからなかったといいます。十二歳のとき終戦を迎えますが、町にやってきた連合軍を歓迎するために白旗を持って家の外に出た祖父が、連合軍に射殺される場面を目の当たりにしました。

彼の活動の原動力は、この命の不条理体験だったのでしょう。ユーモアを武器にして、死に向かう必要性を説くデーケンさんは、たくさんの人に勇気を与えました。

医師の側からも、一九九〇年、衝撃的な告白がなされました。山崎章郎『病院で死ぬということ』という本です。「近代医療の発展を追及する病院は、死にゆく人に対して、ケアする術をもたない」という問題提起をしました。

山崎章郎さんはもともと外科医だったそうです。ところが三十五歳のとき南極の地質調査船の船医となり、洋上でキューブラー・ロスの『死ぬ瞬間』を読んだのが転機となったそうです。『病院で死ぬということ』はベストセラーになりましたが、その翌年には病院にさようならをして、施設のホスピス医となりました。

二〇〇五年には施設型のホスピスを「卒業」して在宅ケアに力を入れ、「ケアタウン小平クリニック」という施設を立ち上げました。二〇一二年には『家で死ぬということ』という本を出版。病院ではなくホスピスでいい死を迎えるサポートをしようという動きの最先端を走っていた山崎さんは、二〇〇〇年代に入るや、今度は「在宅」に方向を変えて疾走されています。

九〇年代のもう一つの新しい動きは、死生学を語る人が、医療の分野やキリスト教からだけでなく、学者や作家の中からも現れてきたことです。

大学院で一番先に「死生学コース」ができたのは、東洋英和女学院大学で、一九九三年でした。二〇〇二年には東京大学のグローバルCOEプログラムで「生命の文化・価値をめぐる『死生学』の構築」という科目ができました。今でも活発な研究が続いています。

その後も上智大学、京都大学、大阪大学などに「死生学」を名乗る学部やセンターができました。今日では大きな大学なら、必ず死生学に関する講義が見つかるほどになっています。

一九九五年に出版された柳田邦男の『犠牲（サクリファイス）――我が息子・脳死の十一日間』も世を動かす力になったと思います。

二十五歳になる息子が自死を図り、その発見者となった父親が、息子が脳死状態に入るのを見つめ、移植のために腎臓摘出を承諾するまでの十一日間、なにを考え、なにをしたかが書かれています。医療や脳死問題に造詣が深い作家が、こともあろうになぜ最愛の息子の腎臓移植を承諾するまでに至ったか、何度読んでも眼の奥が熱くなります。息子が「名も知れぬ人間の密かな自己犠牲」に心を惹かれていたことを思い出し、刻々と変わる脳死状態の状況に添いつつ、その願いを叶えようと努力することによって、息子の命を全うさせようとしました。

いまや「臓器移植」は議論の余地なく「いいことに決まっている」と考える人が増えています。二〇一七年の世論調査によると、自分が脳死と判定された場合「臓器提供をしたい」と答えた人が41.9％、「わからない」が33.1％、「したくない」と答えた人が21.6％でした。

しかし自分ではなく家族の臓器提供を求められた場合、承諾するか聞いたところ、「承諾する」が38.7％、「承諾しない」が49.1％、「わからない」が12.2％でした。

自分は死んで何も感じないからいいけど、家族の体が知らない誰かに移植されるのには抵抗があるということでしょう。臓器を与える人の立場や、それを承諾する遺族の立場を考えることが不可欠であるということ、柳田さんの言葉でいえば「二人称の死」という視点が大切なことは、この数字からも実感できます。

一九九七年には「臓器の移植に関する法律」が公布され、臓器移植に対する違和感が、哲学者や宗教関係の人々を中心に語られました。死んだと判定されてもまだ髪も爪も伸びる、心臓も動いています。臓器移植を前提にして死が定義されたことは、私にはとってもショックでした。

その後フランスに滞在していたとき、私がなにげなく「移植には抵抗がある」と呟いたことがあります。議論好きなフランス人の友人が聞きつけてさっそく「なぜ?」とひっかかってきました。しどろもどろに「脳死がほんとうの死ではないかも」とか「自然の死が望ましいかも」とか答えたので、「救える命を救うのになんの問題があるのか」、「おまえの死の定義をきかせろ」、「非論理的で感情的」とさんざんやっつけられました。

西洋では「臓器移植＝医療の勝利」という考えが定着しているようです。キリスト教でも臓器移植を「人間のできる最高のギフト」と手放しで賛美しています。仏教も台湾では「素晴らしいお布施の行為」だと考えていると聞きました。

臓器移植に対する感覚の違いは、それぞれが培ってきた死生観のいちばん底のほうにあるようです。これからそれを探ってゆきたいと思います。

点と線

アメリカやイギリスでは、ほとんどの大学で「Death Study」の講義があります。そのシラバスを調べてみると、たいていの場合、主なテーマはdeath（死）、dying（死ぬこと）、bereavement（親しい人に先立たれること）、disposal（遺体処理）の四つです。人が死ぬ瞬間や、その直前直後の問題を扱っていて、生前や死後ある程度の期間がたってからの問題には触れられていません。

どうも西洋では「死」をひとつの点として考えているようです。生はスイッチを切る前、死はスイッチを切った後、という単純な発想です。

いっぽう日本では、死ぬということは一つのプロセスとして、生と死のあわいというものがあると考える傾向があります。人が亡くなったら、まずお通夜は死者とともに一晩を過ごしますし、葬式が終わっても魂は四十九日間この世に留まっていると、なんとなく信じています。あるいは信じたふりをして四十九日の法要を行います。

ヨーロッパでは王様が亡くなった瞬間に、次の人が王位を継承します。

たとえば、今のエリザベス女王のお父さんのジョージ6世が一九五二年に亡くなったとき、エリザベスはケニアに滞在中でした。ニュージーランド公式訪問をする途上で、ナイロビ郊外にある木の上に建てられた小屋（ツリーホテル）に滞在した夜に、彼女は突然女王になったのです。すぐに帰国するという返事は「女王」の名で送られました。王の空位は一日たりともあってはならないからです。

日本でも、昭和天皇が亡くなったことが一九八九年一月七日に発表されてから、三時間後には平成天皇が即位し、午後三時には元号も変わるという超スピードぶりでした。一刻といえども空位の時間があってはならない、スイッチはすぐ変えなければならないという考え方です。

英国と日本では「王が亡くなったら直ちに新しい王が王位につかねばならない」という考え方は一致していますが、そのあとの遺体の扱い方が違います。ジョージ6世の葬式は、民衆との別れの時間をとるために、ウエストミンスター宮殿のホールに九日間安置されてから埋葬されました。

いっぽう昭和天皇の葬式は、亡くなってからほぼ二カ月後のことでした。その間「もがり」という伝統の葬礼が行われていたのです。

二〇一六年の夏、退位を希望して発表された平成天皇の「お気持ち表明ビデオ」で、退位を希望する理由のひとつに、「重いもがりの行事が連日ほぼ二カ月にわたって続き…」と挙げられたことに驚いた人は多かったと思います。しかし「もがり」って何？　という誰もが抱く素朴な疑問には、マスコミは沈黙を守りました。

もがり（殯）とは、皇室や有力な豪族が亡くなった後、亡骸をそのまま特別室に安置（つまり放置）して、腐敗・白骨化するまで待つということです。その間、親族はまるで死者が生きているかのように死骸のそばに寄り添い、食事を供し、歌や踊りも用意します。

ひょっとすると天皇は復活するかもしれず、またそうでなかったとしても、皇太子が死者と衾（ふすま）を共にすることによって、天皇の魂は皇太子の肉体と結びつき、新しい天皇として復活する、という考え方です。

なかには抵抗を感じる人もいるでしょうが、死者と添い寝するというのは今もよく聞く話です。

現代人には想像するだけで戦慄が走りますが、それだけ死者との別れを惜しんでいるということであり、またひょっとして生き返ることがあるのではないか（生きたままの埋葬の恐怖は、古代人にも強かったでしょう）、という思いも残っているからです。

ですから、その希望が完全になくなってはじめて、本葬に付されるのです。その期間はだいたい一年、天武天皇は二年二カ月だったと言われています。親しい人が白骨になってゆくところを、毎日見つめつづけた家族の気持ちはどんなものだったでしょう。

同時に古代の人々は、死者が怨霊になって自分たちに祟ることを非常に恐れていたので、ねんごろに死者を扱いつつ、復活しないことを願うという意味もあったと言われています。「戻ってこい、戻ってくるな」という、うらはらで複雑な感情が渦巻く長く辛い儀式です。

さすがにこの風習は大化の改新（六四五年～六五〇年）以来、仏教の普及とともに急速に衰退しました。しかし天皇家にはひそかに続いていたのですね。

とても現代に合わない風習のように見られますが、葬る手順は進化しています。それによると、緑茶を布小袋に入れたものとろうそくの芯とを大量に詰め込み、「御舟入り」つまり遺体を入棺します。棺は非常に厚く、頑丈に密閉されます。しかも日が経つにつれ、さらに大きな棺に入れ、それを繰り返すので、臭気も液も漏れないようになっているそうです。

それでも平成天皇にとってはきわめて「厳しい」ものだったに違いありません。

お通夜はきわめて簡素化されたもがりとも考えられますし、また正月や初盆には、亡くなった肉親を、まるで生きた人をもてなすように祭る風習がいまでも根強く残っています。

肉体が亡くなったら、すべてが消えるのではなく、気配がしばらく残っていると考えるのです。死者が完全な死者になるまで、長いプロセスが必要だという考えです。

たしかに天皇が崩御してからの二カ月間、新天皇には王位継承の儀式や政務が立て続けにあるので、それに加えて、二十四時間体制で天皇の死体のそばに控えるという風習は、時代に合わないのかもしれません。ただ、それでも、もがりの精神はいまだに私たちの心の底に残っているのではないでしょうか。

生と死のあいだの閾（しきい）があいまいであるという感覚は、古代から形を変えて私たちにも連綿と伝わっています。

骨と灰

このメンタリティーに注目して、明治時代に民俗学という学問がおこり、民衆の死生観が掘り起こされました。

民俗学者の柳田國男は民衆の死生観について、次のように指摘しています。

それによると、日本の村落共同体の担い手である常民は、死んだら「天国」「地獄」という現世とはかけ離れた世界に行くとは思っておらず、近くの霊山に行って、「祖先霊」となり、そこから子孫を見守り、機会があればいつでも子孫の元にやってくると信じていたのだ、と。

いっぽうその高弟である折口信夫は、祖霊は常世と呼ばれる死霊の国に住んでおり、旅人や乞食の姿に扮して、まれにこの世に戻ってくると考えられた、と説きました。お祭りや盆はそんなふうに戻ってきてくれた祖霊を歓待するものなのです。

私自身、「生者と死者は一緒に暮らしている」という感覚は、どうも私たちの心の奥底に刻みこまれているると、トシとともに痛感するようになりました。

若いころから率先してフランスかぶれにいそしんでいた私でしたが、実際にヨーロッパで暮らしてみると、死に対する感覚の違いを感じることがあります。「死んだらスイッチ・オフ」というドライな感覚にちょっと違和感をもってしまうのです。

たとえば、私にはイギリス人の夫がいたのですが、ある日その夫の姉が九十歳で亡くなったという知らせが、フランスに住む私たちのもとに届きました。私は取るものも取りあえず、イギリスに行くものと思って、旅の準備にかかったのですが、葬式は姉の孫や友人の都合にあわせて一カ月後に行うというのです。夫は姉をとても慕っていて、亡くなったと知らせをもらった夜は泣き続けだったのに、遺体のもとに駆け付けるという発想はないようでした。

一カ月後に葬式に行きました。

小さな集会場で行われた葬式は、教会の牧師が司会をしてくれましたが、宗教的な説教はまったくなし。孫や友人たちが、故人の思い出をこもごも心を込めて語り合い、私までもらい泣きしてしまうほど感動はしました。が、「これは葬式じゃない、偲ぶ会だ」とも思いました。

赤いビロードの布で覆われた棺にはバラの花束が載せられていましたが、私には造花のように見えました。棺は遠くて高い舞台の上に置かれていて、まるで舞台の大道具のようでした。遺体は一カ月間、冷凍されていたとのことです。

いよいよ涙と笑いが溢れる会が終り、さてこれからお棺の蓋を開けてお顔を拝見して最後のお別れをするのかと思っていたら、突然お棺がスーと動いて、舞台の下手に消えてしまいました。

あとで気が付いたのですが、舞台にはレールが敷いてあって、牧師がスイッチを押すと、移動する装置になっていたのです。ここのお棺はトロッコ車のように消えるんだ！　と唖然としたのは私だけでした。

近ごろはイギリスでも七割近くの人が火葬を選ぶそうです。姉さまも火葬を希望したと聞いていたので、これからお骨上げのような儀式があるものと思っていましたが、参加者はみな三々五々会場を出て、帰ってゆきます。

「あのー、これで終わり？」と思わず義理のいとこに聞いてしまいました。

「あなたは何を期待しているの？」と聞かれました。

「あのー、日本ではね、親族が焼き場まで行って、みなで一緒に骨をひろいあげるんだけど…」といって、お骨上げの儀式の説明をしました。

するといとこは「そんな気持ち悪い、ブルブル」という反応。

焼き場は式場のすぐ隣にあるというのですが、誰もどこで遺体が焼かれるかには興味がない様子です。そんなことをしつこく聞く私のほうが、ヘンにおセンチのような気分になって、黙ってしまいました。

日本人は死んで骨になるといいますが、あちらでは死んで灰になると言います。

窯の温度が高すぎるせいで、遺体は原形をとどめず、指のあいだでさらさらと流れる浜辺の砂のようになるのです。それを段ボールに入れてお墓まで運ぶのは会場の職員らしい。

むしろセンチメンタルな人は、灰を山や海に散骨する例が多くなっているというのもわかる気がします。あるイギリス人の友人は、お父さんがいちばんのお気に入りの場所だった湖水地方の川に、砂になったお骨を流しに行って、大雨で自分も流されそうになったと話していました。

私たちは亡くなったら体は変色し、腐敗し膨張して、最後に土に戻るのが自然という感覚を持っています。しかし西洋では、聖人や王などの偉大な人物は特別で、死んでもその体は永遠に保ってほしいという願望が強いように思えます。

王や妃が葬られている教会を訪れると、遺体のリアルな石像が、等身大で手を合わせて仰向けに寝ていたりして度肝を抜かれることがよくありました。偉大な人が亡くなった姿を永遠に留めておきたいという願望でしょう。キリスト教では最後の審判で、息を引き取ったときの肉体そのものが復活すると信じられていますから、王もまた率先して復活するだろうという願望があるのかもしれません。

また教会では、もっと度肝を抜かれるものを見ることがあります。パリの観光客で賑わうバック通りに「奇跡のメダイのチャペル」と呼ばれる小さな教会があります。そこには一八七六年に亡くなり、七十一年後に聖女と認められたカトリーヌ・ラブレという聖女がフレッシュなまま、透明の箱に収められ、明るい照明のもとに安置されています。

「腐らない遺体」の前には、たくさんの信者たちが目に涙をためて祈っています。穏やかで美しい顔を素顔だと信じる人は多いですが、事実はシリコンのマスクがかけられ、骨は人形の下に収まっていると聞きました。

信者の方々は、「キリストを信じる者は死んでも生きる」という死後の生き方の実例として、目の当たりにすることに悦びを感じるのでしょうが、私は遺体に細工をしてまで永久保存するよりは、「死んで無に帰する」ほうが美しいと感じてしまいます。

死に熱狂する時代

十九世紀のイギリスは「死に熱狂するヴィクトリア時代」とよばれています。ヴィクトリア女王が四十二歳のとき、夫のアルバートが亡くなりました。女王は夫の死に打ちのめされ、それから立ち直ることはなかったと言われています。その悲しみの深さはというと、それから四十年間、死ぬまで喪服で通したほどでした。

その影響で、イギリスでは国全体を通して、悲しみと喪失の形式が磨かれることになりました。

貴族のみならず上流・中流階級も、盛大な葬式をするようになり、喪の期間に守るべきルールが詳しく決められ、死者の髪の毛を入れるためのジュエリーなどが流行しました。

死後記念写真

なかでも衝撃的なのが「死後記念写真」で、今でもたくさん残っています。

死者は動かないのですが、当時の写真術で、あたかも生きているように見せて撮ることができたのです。残された家族と一緒に撮られたものも多く、肉体を永遠に保存したいという願望が、写真術によって、庶民でも実現できるようになったということでしょうか。写真のいちばん左側の子供は、兄弟たちの一番うしろにドールスタンドという支柱で立たされています。

宗教を否定する共産主義のもとでも「偉大な指導者の思想と同様、肉体は永遠に朽ちずに、ここに眠る」ことを実際に示すために、レーニンは今でも赤の広場のレーニン廟の地下に安置されています。一年半ごとに特殊な保存液に浸されているので、眠っているようなフレッシュな姿を観光客も見ることができます。同じ技法で、毛沢東やホーチミン、金日成とその息子金正日も保存されています。

日本人の感覚では、どんな偉大な人物でも、死体を永久保存したいとは思わないでしょう。

真言宗では空海は死んだのではなく、高野山奥院御廟で今も生き続けていると信じて、仕侍僧が毎日食事を給仕しています。しかし、給仕を務めた者は中の様子を決して話しませんし、誰も真偽を聞こうとはしません。聞くのはヤボでしょうと、誰もが思っています。日本で亡くなったカトリックの神父チマッティは、亡くなって十二年後も眠ったままのような姿を保っていたので福者と認められました。その棺は調布サレジオ神学院地下聖堂に安置されていますが、それは透明の箱ではなく、石棺に収められて見ることはできません。

仏の遺骨と同じく、生々しいものはあえて見ないのが日本的なのではないでしょうか。ところで、「死者と生者が穏やかに共存している」という日本人の死生観はＤＮＡのようなもので、ずっと昔からあると信じている人が多いですが、日本の思想史研究家の佐藤弘夫さんによると、じつは結構新しいもので、その変わり目は平安末期にあるといいます[3]。

彼岸へ、彼岸へ

中世の人々は、死者が墓に留まるとは信じていなかったようです。

二〇〇〇年代に流行った「千の風に乗って」の歌でも「そこに私はいません　眠ってなんかいません」という歌詞があります。これは、死者が墓にいない、という点では中世と同じ発想ですが、中世の人々は「死んだ魂は風になって大きな空をあちこちに吹きわたっている」とは夢にも思っていませんでした。

当時の人々の願望はただひとつ、この世から完全に足を洗って、美しいあの世に生まれ変わることでした。それははるか西方にあって浄土と呼ばれ、そこにたどり着くことが、人生でいちばん大切なことだったのです。

そこに行くために、阿弥陀仏と特別な縁を結び、ひたすら祈ることが重要と信じられるようになりました。

捨身往生といって、燃える薪の上とか、川や海に身を投げたりして、命を捨てて往生を実現しようとする人たちがたくさん現れました。また焼身自殺や入水自殺の光景を目撃して、その現場に迎えにくる仏を拝んで結縁しようとする見物人が集まったそうです。

現代人にはとても受け入れがたい考え方ですが、中世人にとっては、彼岸に行きたいという願望は何よりも大きかったのです。

九九五年、六波羅蜜寺の僧が焼身供養したときには、これを見るために天皇や貴族が見物にやってきたという記録もあります。

また、臨終行儀という儀式も考え出されました。死の床にいる人が見られる位置に阿弥陀仏の像を安置し、仏像の左手から五色の糸をのばし、それを臨終者の左手に持たせます。病人が念仏を唱える声にあわせて付きそいの人も念仏を称え、呼吸を合わせます。そして、何か見えるものがあるかを聞きます。仏の来迎を確認するためです。臨終の間際になったら、看取る人は鐘を打ちながら念仏のみを称え、臨終者から目を離さず、息を引き取る瞬間を必ず見とどけます。息絶えた後もしばらくは念仏を聞かせます。

この儀式は、ごくごく一部を除いて、現代では行われていません。しかし、ターミナルケアの原点である、見送る人と逝く人の静かな交流の知恵だとして注目を集めています。なんだか現代と似ているところもあるような、まったく違う点もたくさんあるような中世人の死生観ですが、いつの時代にどのように変わっていったのでしょうか?

この世にあるものはすべて儚く頼りない仮のもの、本当に生きるべき浄土のほうがずっと大切という考え方は、十二世紀にピークをむかえました。

しかし、室町時代に入ると、目にみえない浄土のリアリティが急速に薄れてきたのです。極楽往生は幻想かもしれない。身分や階級を超えて、誰もが救済者にひたすら頼る必要はないような気がしてきました。

日蓮、法然、親鸞の教えを継ぐ教団は、現世での所願成就や「平生成業（この世での悟り）」が大切だと説くようになりました。死んだあと私たちはどこにゆくのかという問題よりも、この世での幸福の実感と生活の充実のほうが大切だと考えるようになったのです。

仏はもはや理想の国に連れて行ってくれる「お迎え」ではなく、この世で私たちが地獄や餓鬼道に落ちないように見守ってくれる「導き手」であるとされました。

「〇〇家の墓」が定着したのは戦後!?

現代の墓は家族単位の「〇〇家先祖代々の墓」です。

墓碑の下にカロートと呼ばれる小さな空間があり、そこに祖父母くらいの代までのお骨が収められています。それ以前の祖先は入っていません。

先祖代々といいながら、こんな小さなところにたくさんの先祖は入れないだろうにと、子供のとき不安に思ったことがあります。自分もこんなところに入るのはコワいと思いました。

じつは、家系中心の墓の歴史は意外に浅く、この様式が定着したのは、戦後のことにすぎません。このころやっと火葬が定着したのが原因です。

ではその前はどんなだったかというと、死者は土葬が原則なので、死者一人のために墓碑を建て、個人の戒名を刻むという形態が主流だったそうです。

しかしこの形式も江戸時代初期からで、それ以前は、今でいう共同墓地に収められました。

京都の蓮台野や化野（あだしの）、横浜市の上行寺東遺跡、松島の雄島などが有名です。どんな武将でも金持でも、丁寧に葬られ墓は作られても、その名を刻んだ墓標は作られませんでした。またその後も、現代のように定期的に墓参が行われることはありませんでした。

まして庶民は墓も作られず、放置されたまま、時が流れればじきに草木に覆われてどこに埋められたのかもわからなくなってしまう、ということが常識だったのです。死者を特定の霊場に運び、そこにきちんと埋葬することはきわめて大切でしたが、その後骨や遺体がどうなってゆくかは関心の外だったのです。

死者の思い出が生々しいうちは墓参りすることもあったでしょうが、やがては草木に埋もれて自然に還ってゆくのが、当たり前だと思われていました。

このような墓の在り方が変わったのは江戸前期ころからです。イエという観念が強くなり、それにあわせて旦那寺のシステムが確立しました（この旦那寺制度は、幕府が年貢を漏れなく納めさせるために民衆を管理するのが目的でした)。
旦那寺制度のもとで、墓は菩提寺の境内に置かれ、子孫が盆正月に訪れるのが習慣となりました。

大量発生する幽霊

旦那寺制度が確立してからは、生者が墓の世話を怠るのはとても非道徳的なことであり、家を断絶させて祖先を無縁仏にするのはいちばんの不孝と考えられるようになりました。よりどころを失った死者は、どんな悪さをするかわかりません。無縁仏を供養するために、施餓鬼供養が生み出され、疫病や飢饉が起こったところには仏像や供養塔が建てられました。いま私たちが無数に見かける路傍のお地蔵さまも、その大半は不遇の最期を迎えて家族の供養がままならぬ死者のために建てられたものでした。

「死者はごく近いところにいて、この世に簡単に帰ってこられる」という考え方は、ありがたいことでありますが、ストレスのもとでもあります。きちんと祀れば子孫にご利益をくださる反面、いいかげんにすると、報復を恐れなければならないからです。

いま私たちが親しんでいる幽霊譚や怪談は、江戸時代の爆発的な流行に端を発しています。不幸な死を迎えた一般人が、この世をうらんで復讐のために出現する、というおなじみのパターンは、江戸時代に生まれたものなのです。

それ以前、たとえば室町時代の能でも、この世に思いを残す幽霊が出現しますが、死者は縷々として嘆きを述べた後、ねんごろな供養によってあの世に成仏してゆくというのがテーマでした。

しかし江戸時代の幽霊は違います。宗教的な救済など目もくれず、ひたすら自分を無残に殺した相手を、恐怖で凍らせ、最後に仮借ない復讐を遂げることだけが目的です。恨みの気持ちが晴れれば、それで満足なのです。

こんなことが起きないように、日々仏壇を守って死者たちにはおとなしく安らかにしてもらい、盆暮れだけに先祖をきちんとお迎えして、すぐ送り出すことが大切でした。主体はあくまで現世です。生者と死者が交わるのは盆暮れだけで、江戸時代の庶民にとっては、死者がそれ以外の生活に入り込んでくるのはごめんだったようです。墓場にしっかりと封じ込めておくことが大切でした。

ただし、生者と死者は一緒に住んでいるという考え方自体は、すでに縄文時代からあったということが考古学の研究によって明らかになっています。縄文時代には死者を共同体の真ん中に葬って、生者はその周りに住むことによって、死者に共同体を守ってもらおう、という考え方があったようです。しかし、縄文後期になると墓は集落の外に置かれるようになったとか。

どちらにしても古代では､死者と生者の領域､つまり現世と他界は同じリアリティをもって重なりあっていたのに対し、近世では他界の現実味がうんと縮小し、重なる部分が小さくなっていった、という違いがあります。

山へ、山へ

死者は仏壇や墓にもいますが、それは別宅のようなもので、死者が最終的に落ち着く住処は、山であるというのが日本人の伝統的な考え方だと信じられています。しかし、その考え方が定着したのは意外と新しいようです。私たちの山への思いをざっとたどってみることにしましょう。

古代から山は清浄の地とされ、神の住むところとして憧れの対象でした。古代人にとって山はこの世で最も清浄な場所で、神か、それに近い高みにいる天皇霊のような超越した存在が住む場所と考えられていました。

つまり、もともとは、山は一般庶民の住むところではなかったのです。

しかし、中世から次第に、彼岸はもっと高い究極の浄土であって、山はそこに行くため

「来迎図」（山越阿弥陀仏）

の中継点である、という考えに傾いてゆきました。山に留まるのは超越した神ではなく、まだ浄化が終わっていない修行中の仏でした。山は天に上るための訓練の場と考えられていたのです。

ちなみに、キリスト教にも煉獄と呼ばれる場所があります。ここへやってくる人は、罪を犯したのですぐに天国には行けせんが、厳しい修練を積んで、罪業を落とせば天国へ上ることができるかもしれない、とされています。次ページの絵は、十九世紀の画家ギュスターブ・ドレが、『ダンテ神曲』の「煉獄編」を描いたものですが、傲慢や怒りなどのさまざまな罪を犯した人々が、岩だらけの険しい山道を登っているのが分かります。日本の修験者の世界によく似ています。

ル・ゴッフという歴史学者は、煉獄という思

『ダンテ神曲』煉獄編　ギュスターブ・ドレ作

想は十二世紀の死生観からできあがったもので、イタリアのベスビオ火山がモデルになっている、と論じました[4]。日本とヨーロッパでちょうど同じ時期に、魂を浄化するために山に行くと考えたのですね。

十八世紀にはいると、国学者たちが新しい死生観を打ち出してきました。それは死んだ魂は極楽か地獄にゆくと説く仏教とも、死んだら魂は消散すると説く朱子学とも違うものでした。

国学者の平田篤胤は、人は、生きている間は天皇の主宰する目に見える世界（顕界）に住みますが、死んだ後には大国主命（おおくにぬしのみこと）が主宰する死の世界（霊界）に行くと説きました。

ただし、それは主宰者が違うだけで、この世とあの世はそれほど違わず、山や森、墓といったわれわれの身近なところに接近している、というのです。しかもこの世からはあの世を見ることは出来ませんが、あの世からこの世はよく見えているといいます。こうして、死者はいつもこの世を見守り、盆暮れのお祭りにはこの世にちょっともどって子孫と交流しながら、永遠に近親者を見守ってゆくのだと考えました。

この考えは柳田國男の祖霊観とよく似ています。柳田はこれこそが日本列島に一貫して存在する「日本人」の死生観としましたが、実は江戸時代に新しく構築された霊魂観を前提として形成されたものだったのです。

どこに行く、お骨

平成が終わって令和に生きている私たちも、近世以来の大きな変わり目を生きているような気がします。

イエ制度が事実上崩壊して墓の守り手がいなくなり、守る意義も薄れてきました。また阪神淡路大震災、東日本大震災などでは多くの犠牲者が出ましたが、私たちは大量の遺体を前にしてなすすべを知りませんでした。火葬場も破壊され、葬儀社も機能せず、お寺も壊れてしまったなかで、私たちはどのように死と向き合うかという問題に直面させられました。

病院→葬儀屋→火葬場→墓場というできあがったルートにのせられて、包み込まれ隠されてきたものが、ひとたび不慮の災害が起これば、包装紙がほころびるように「むきだしの死」という現実があらわれてしまうのです。

東日本大震災直後、どこでも要望があればお経をあげにゆくボランティアをしていたお坊さんが話してくれたことですが、たくさんの遺体を前にして、火葬するすべがなく、やむなく土葬にしたケースがたくさんあるそうです（ちなみに、東北は土葬の文化が九〇年代まで残っていたという土地柄ですが、今は急速に火葬へ傾斜しているようです）。

お坊さんは「仮埋葬」として土に埋められた遺体を、遺族のたっての望みで一年後に掘り返す作業に立ち会ったそうです。火葬を前提にした棺は、すでに土の中で崩れ落ち、遺体はたいそう傷んでいましたが、葬儀屋さんは遺族の気持ちを汲んで黙々と掘り返し、洗浄を行いました。遺族は「やっと火葬できた」とたいそう喜んでいたそうです。

私自身も、墓問題では変化のただなかにあります。

父は北海道出身ですが、移り住んだ関西に新しい墓を建て、父方の祖父母の骨を新しい墓に移しました。父方の〇〇家の墓です。母は自分の父母の墓が北海道にあるので、お参りできないのを残念がってはいましたが、夫の墓に入るのを当然と考え、新しい墓の面倒をみていました。

そこまでは普通の家族だったのですが、私の代でこの伝統がくずれてしまいました。姉も私も勝手に結婚して、名前を変えてしまったので、〇〇家を継ぐ者はいなくなってしまったのです。ただそれで父も母も家名存続はあきらめて、私が墓の面倒をみればそれでいいやと思っていたようです。

そこまではまだいいのですが、問題は姉と私が次の世代に墓をどう引き継ぐかということです。私の姉はアメリカに移住してもう四十年以上になり、アメリカで死ぬ覚悟をきめています。子供はいません。姉の夫はユダヤ人で、ユダヤ式の葬式を望んでいます。ユダヤ教では遺体は二十四時間以内に土葬するのが原則です。

あるとき姉と電話で話しました。

「イゴール（姉の夫の名前）が死んだら、もちろん本人の望む通りにしようと思うんだけど、私が死んだら土葬はごめんこうむりたいと思うのよ」

自分は夫より長生きすると信じています。

自分が死んだらアメリカで火葬してもらい、遺骨の半分は夫のそばに、半分は心を残している祖国に帰りたいと言ってきました。

姉の望郷の念にほだされて、私は考えもせず、「よっしゃ！　まかして」と叫んでしまいました。

ところで大阪には一心寺というお寺があって、そこに納められたお骨で十年ごとに一体の仏像を作っています。明治二〇年に初めての仏像ができ、今は十五体目の材料が集まるのを待っているのだとか。二百万人以上の遺骨を集めてできた、ずらっと並ぶ仏を何度か拝見しました。外国人も排除しないそうです。いちばん新しい仏は真っ白な体に桃色の唇をして、ちょっと生々しい感じがしてゾッとしたのですが、なんども拝見すると、ありがたいような気分になってくるから不思議です。

仏になってたくさんの知らない人々に拝まれるのもいいのではないかと思って、姉に一心寺の写真を送ると「気持ち悪い」と言ってきました。

私のイギリス人の夫の骨も、アメリカ帰りの姉の骨も、父も母も、一歳で亡くなった弟も、みんなが一堂に会して、安らかに眠れるような場所はどこにあるのでしょうか。

肉体と魂と骨

現代にいたるまで、世界のほとんどの地域では、人間は肉体と魂との二つでできているという二元論的な考え方が圧倒的でした。

それによると、生きている間は、魂は肉体と一緒になっています。しかし肉体が滅びたときは、魂も一緒に無くなるのか、それともどこか遠いところにゆくのか、という問題については、意見が分かれてきました。

今でも二元論が多数派ですが、科学が中心の時代になってから、証明不能の魂は否定して、「死んだら一巻の終わりだ」という考え方が強くなってきています。

アメリカの哲学者シェリー・ケーガンは「魂など存在しない、私たちは機械にすぎない」と言い切ります。

「しかしただの機械ではなくて、愛したり創造したりする機械であり、死とはコンピューターが壊れるのと同じことである」と。だから死は深淵な謎でもないし、恐れることでもない、合理的に死に直面すれば恐ろしくもないと説きました。その軽妙でウイットに富んだ講義はエール大学で十三年にわたって続けられ、大人気となりました[5]。

しかし、そこまで徹底的な肉体一元論に徹する人は少ないと思います。骨は人間の皮や肉が朽ちても最後に残る肉体です。この骨に対する思い入れの歴史は、私たちの死生観の変化を見るのに役立つと思います。

日本で先祖の骨を大切にするようになったのは、家制度にのっとった墓が確立してゆく時代に並行して形成されたもので、それまではお骨をありがたがる風習はそれほどではなかったということが分かっています。万葉集には、山や海に散骨する歌がいくつか見られます。

玉梓の妹は花かもあしひきのこの山蔭に撒けば失せぬる

「播いた妻の骨は消えてしまったが、いつか花になって咲くかもしれない」という願望は、桜の木の下に散骨されるのをあこがれる現代人の感覚とほとんど違いはないように感じられます。

しかし同時に、お骨上げを「気持ちわるい！」と切り捨てた英国の親戚に、ひどく神経を逆なでされたように感じる「日本人」の私がいます。

万葉の時代には、現世とは次元のちがう他界という概念はまだ発展していませんでした。魂が浄化したか否かにかかわらず、死者はこの世に留まっている、と考えられていたのです。つまり、この世と異界は重なり合っていて、しかも、すぐ近くにいる死者は好ましい存在だと思われていました。

やがて、この世と隔絶した遠い浄土というものがあると考えるようになり、死んだらそこにゆくことを最終目的にする理念が共有されるようになりました。

その理念によれば、現世は浄土にゆくための準備期間にすぎません。首尾よく成仏を遂げた人は、もうこの世にいませんが、そうはいかなかった死者は悪しき存在として、この世に留まらざるをえないわけです。

そんな恐怖からクローズアップされるようになったのが、死者の肉体の依り代（よりしろ）としての骨でした。この骨を清らかな霊場に葬れば、その場所の力で成仏できるはずだと考えたのです。これが中世から盛んになった納骨信仰です。

霊場に骨を運ぶことは極めて大切だったので、新しい霊場が作られ、また大規模な共同墓地もできあがりました。ただし、霊場で成仏すれば、骨はもう依り代ではなく、ただのモノとなるわけですから、そのあとは墓に対する関心は全く失われ、草木の茂るままに放置されるのがあたりまえでした。

近世から墓は寺院の境内に作られるのが主流となりました。さらに江戸時代になると、旦那寺の制度の確立により、骨は供養を続けるべき、信仰の対象となったのです。

死んで私たちはどこに行くかという概念の変化と共に、骨への思い入れが変化してきたらしいのです。

骨が溢れる―

ヨーロッパの教会にゆくと、霊感のある人で、気分が悪くなる人がけっこういます。それもそのはず、中世ヨーロッパでは、遺体は教会の地下や庭に直接埋められたので、教会のまわりの地下は骨だらけなのです。

それはなぜかというと、キリスト教では、最後の審判の時にめでたく復活するためには、

パリのカタコンベ（ポール・クドゥナリス『死の帝国』創元社刊より）

肉体が必要だと考えられていたからです。

火葬は原則避けねばなりませんでしたから、西洋人の骨への執着は日本人とは比較にならないほど強かったのでしょう。それで、いくら地下を深く掘っても場所が足りなくなり、寺院が建て直されたり、新築されたりするときには、大量の遺骨も整理されて、納骨堂にきれいに並べられるようになりました。

十八世紀末になると、パリではそれでも足りず、墓地には朽ちる前から次々と捨てられる遺体があふれかえりました。土はやせ、遺骸を解体することが出来なくなって、瘴気（しょうき）を放つ不浄の場所となったのです。

そこでパリ市は、すでにあった石切場の地下に、長さ一七〇〇メートルにわたる地下墓地を作りました。これがパリの左岸にあるカタコンベという名の地下共同墓地です。

両方の壁に、遺骨が天井までぎっしりときれいに並べられています。貧しい庶民の骨も、そうでない人の骨も、六〇〇万人から七〇〇万人分の骨が、ごちゃまぜに積み上げられています。フランス革命で処刑された貴族の骨も、ロベスピエールの骨も一緒にまじりあっていますが、どれがだれだか区別することはできません。カタコンベにはさらにモンテスキューや、パスカルの骨もどこかに含まれているとのことです。

中でも見学コースの最後の広場にあるロンド（円柱）は有名です。これは、何千もの脛骨(けいこつ)で積み上げられた太い円柱です（写真）。

ここは骨の美術的価値だけでなく、音響効果も抜群ということで、一八九七年には四十五人のフルオーケストラで、ショパンの「葬送行進曲」を演奏したこともあったとか。じつは、私は長年パリで暮らし、カタコンベの入口近くに住んだこともあったのですが、訪れたいとは一度も思いませんでした。写真をみるだけで十分です。

死の帝国劇場

西洋人の骨にたいする思い入れの仕方は、私にはどうも苦手です。ヨーロッパには、「骨の教会」と呼ばれる人骨で内部を豪華に装飾した教会が、数えきれないほどあります。

セドレツ納骨堂（チェコ）
（ポール・クドゥナリス『死の帝国』創元社刊より）

人骨をアートの恰好の材料としているのです。

一番有名なのはチェコのクトナー・ホラという町にあるセドレツ納骨堂です。

十九世紀半ば、シュヴァルツェンベルク家が購入した修道院を改修し、推定三万人から四万人の骨を使って完成しました。

人骨でできたシャンデリアや花輪、ピラミッドなどが、ところ狭しと飾られています。

なかでもシュヴァルツェンベルク家の紋章をかたどるために、さまざまな骨が使われた装飾品が有名です。そこには十五世紀にこの名家の先祖がオスマン帝国の軍隊に勝利したことを示すために、トルコ人の頭蓋骨をそのまま使い、その目玉をほじくるカラスのモチーフも作りました。その翼の部分は、ひどい関節炎のために骨が溶けて凝固した手首が使われたということです。

納骨堂の役割は、メメント・モリ（死を想え）というメッセージだけでなく、ボヘミア・ナショナリズム高揚の効果もあったようです。

骨をアートとして見る傾向がつよくなり、骨で覆われた異様な教会が作られるようになったのは、十七世紀のはじめころでした。

高まった宗教改革に対抗するために、イエズス会を中心とするカトリック側に巻き起こった大きなうねりを反映しています。死とそれによる肉体の腐敗への尽きない関心が高まり、ほとんど脅迫観念にさえなりました。イエズス会の創設者であるイグナチウス・ロヨラはいつも死について考え、苦しみや悲しみの感覚を高めるように諭しました。その影響をうけて、説教師たちは、頭蓋骨を小道具に使って、死が私たちの体をどんな風に破壊してゆくかを、イメージするように人々に説いたのです。

ちなみに、ちょうど時代も同じころ（鎌倉末期から江戸時代にかけて）日本でも、死による肉体の変化に注目する芸術がありました。

九相図といって、若く美しい女性が、死んでから体の色が変わって膨張し、やがて腐敗し、色が変わり、野犬や鳥に食われて、白骨になるまでの過程を九つにわけて、リアルに描く仏教絵画のジャンルです。なぜこのような恐ろしいジャンルができたかというと、これを見るのはもっぱら修行僧で、色欲の煩悩を克服し、肉体のはかなさをこの絵によってイメージトレーニングするためでした。ですから大衆むけに陳列されることはなく、あくまで修行のため、お寺に秘蔵されていました。

ガイコツのアイデンティティー？

カタコンベの骨の集積は、死は一〇〇パーセント平等であるということを思い知らせてくれます。男女・身分・業績などは関係ありません。死者には金持ちもなければ、貧乏人もなく、性別もありません。

しかし、この骸骨の匿名性を根本的に変える動きも生まれました。

十九世紀のフランスの田舎とドイツ語圏のヨーロッパでは、最愛の人のアイデンティティーと地位を死後も失わないように、そして大切な人が骨の山に埋もれてしまわないよう、頭蓋骨に直接名前を彫り込み、植物文様や、墓に供える花の絵を直接描くことが流行ったのです。愛を意味するバラや勝利を意味する月桂樹、永遠の愛を意味する蔦などが好んで描かれました。十九世紀には村々を巡回してこのような彩色をしてまわる芸術家がたくさんいて、それで食べてゆけるほどだったそうです（写真）。

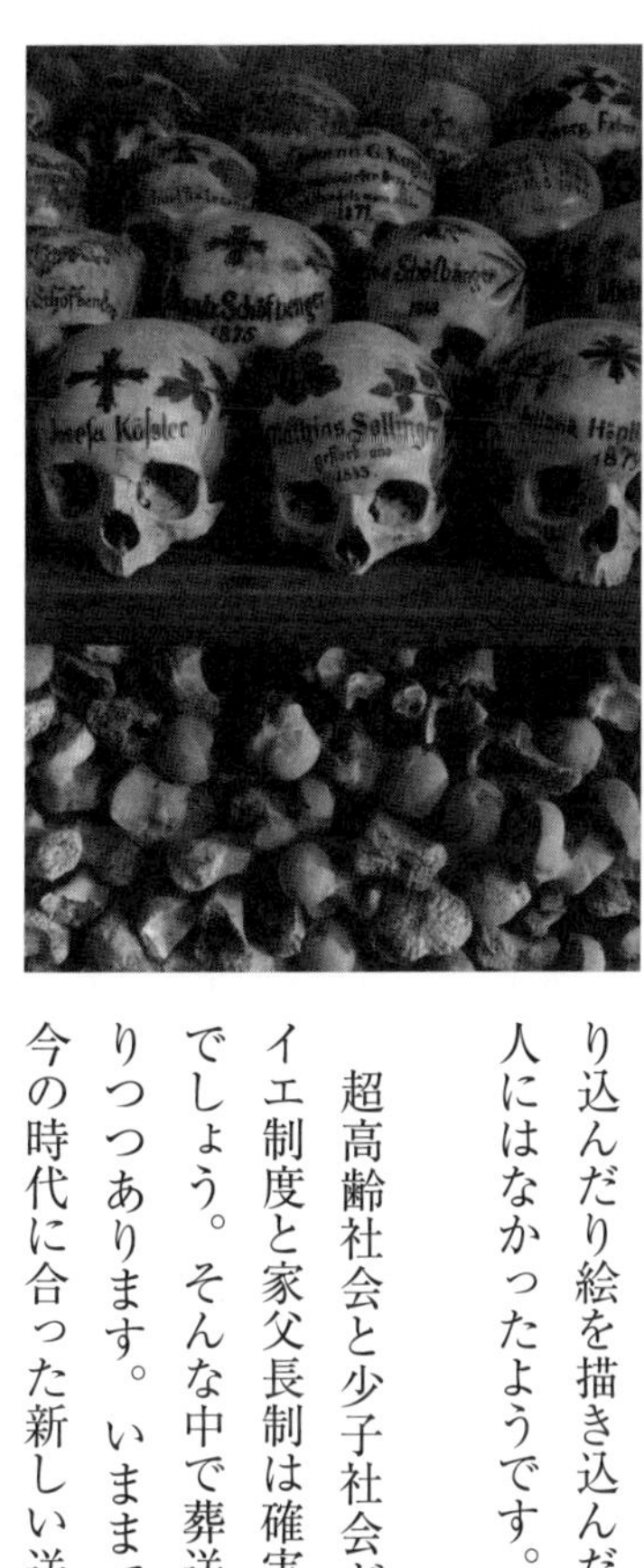
聖ミヒャエル聖堂付属納骨堂（オーストリア）
（ポール・クドゥナリス『死の帝国』創元社刊より）

名無しのガイコツの上に、故人の名前と不滅のシンボルを描き込むことによって、死後もそのアイデンティティーを保とうとしています。

啓蒙時代（十七世紀後半）から、死は個人のアイデンティティーを粉砕する厭うべきもの、おぞましいものという観念が強くなったといわれています。ちょうど日本でお墓に個人の名前（法名ではありますが）が書きこまれるようになったのと似ていますが、骸骨に直接名前を彫り込んだり絵を描き込んだりする発想は、日本人にはなかったようです。

超高齢社会と少子社会が同時にやってきて、イエ制度と家父長制は確実に崩壊したといえるでしょう。そんな中で葬送の伝統も大きく変わりつつあります。いままでの伝統は残りつつ、今の時代に合った新しい送り方がそれぞれの個人によって編み出されていて、その試みのひとつひとつに、その人の生き方と死に方が詰まっています。

今の時代を表現するのには「多様化」という言葉しか見つかりません。新しいうねりがたくさんあり、それがぶつかり合い、無数の風が吹いているようです。その行き先はまだみえません。しかし、伝統の葬送がそのまま続くことだけはあり得ないでしょう。

・・・・・・・・・・・・・・・・・・・・・・・・

1

●Elisabeth Kubler-Ross, *On Death and Dying*, Simon & Schuster/Touchstone, 1969

●川口正吉訳『死ぬ瞬間 死にゆく人々との対話』読売新聞社、1971年

●鈴木晶訳『死ぬ瞬間 死とその過程について』読売新聞社、1998年、中公文庫、2001年

2 田口ランディ「エリザベス・キュブラー・ロス」in 島薗進・竹内整一編『死生学1 死生学とは何か』東京大学出版会、2008年、204ページ

3 佐藤弘夫『死者の花嫁』幻戯書房、2015年

4 ル・ゴッフ、渡辺香根夫・内田洋訳『煉獄の誕生』法政大学出版局、1988年

5 シェリー・ケーガン、柴田裕之訳『「死」とはなにか』文響社、2018年

第3章　戦後の死生観を考える

死生観の崩壊

戦後の死生観を考えるとき、まずその出発点を、戦争で約三〇〇万人の日本人が亡くなった、という事実に据えねばならないと思います。

軍人二三〇万人、民間人八〇万人。親族や友人を戦争で亡くさなかった日本人は一人もいなかったのではないでしょうか。

外地で亡くなった幾百万の兵士がどのように祀られているかを考えることは、現代の葬儀のありかたを考える出発点として、非常に大切だと思います。

ちなみに、飛行機事故等で遺体が砕けてしまった場合は、まずバラバラの部位を集めて、できるだけもとの肉体に戻す作業を丁寧に行います。それから自宅に連れ帰って葬儀を行う場合が多いと聞きます。不慮の死を遂げた人を弔うためには、できるだけ通常の葬式に近づけることが重要だと考えるからです。

震災や水害で遺体が見つからない場合、見つかるまで遺族は祈るように待ちます。遺族が遺体の収集にこだわるのは、身体がその人そのものであり、死者のアイデンティティーであるからです。きちんと葬式をすることによって、やっと死者は旅立つことができると考えているのでしょう。

日中戦争から太平洋戦争にかけて、多くの兵士が国外で亡くなりましたが、ほとんどの場合、兵士の遺体はもちろん、遺骨や遺髪といった身体の一部でさえ遺族のもとには戻ってきませんでした。

戦地で亡くなった兵士の遺体は、隊員が火葬に付しました。しかし余裕がなくなると、遺体に砂をかける、あるいは首や手首を切り落として行軍し、余裕ができたときに遺骨にしたということです。またマラリアなどの病死の場合は、野戦病院にたどりついても、なんの手当も受けられないまま野ざらしになることが多かったといわれています。

幸いに骨の一部が遺族に戻ったときは、役場はそれを「遺体」とよび、骨箱は「棺」とよび、遺爪や遺髪が残っていた場合は「遺骨」とよんで葬式をしました。

しかし、そのようなものが全くない場合は、戦死した海岸の砂を「留魂砂」とよび、そこに兵士の魂が宿ると考えて、「遺骨」として認めました。それが石ころの場合もありました。

死者が英霊になったということを証明する「霊璽（仏教における位牌）」はこの「遺骨」に対して発行されました。そうしてはじめて、死者は英霊となるのです。

そんなわけで軍部は、兵士の身体はかならず帰還する、という形を守りました。

仮に遺族がそれに違和感を抱いたとしても、葬儀は村や町などの公の場で行われるため、軍の「演出」を受け入れざるを得なかったという事情がありました。

歓呼の人波に送られた兵士は、生還した兵の胸に抱かれた「骨箱」という形で、やはり人々の歓呼のなかで帰還したことにされたのです。骨箱の軽さに耐えつつ行進する帰還兵の気持ちは、推測するに余りあります。

この体験は言葉にはならないだけに、戦後の死生観に甚大な影響を与えたことは間違いないでしょう。それから日本人は、今まで教えられた死生観はご破算にして、食べてゆくこと、生きてゆくことに集中しようと決めたような気がします。

実際、戦争中は死生観についての本が盛んに出版されていました。たとえば一九四三年には、当時の哲学や仏教の錚々たるメンバーの論文集『日本精神と死生観』が出ましたが、おそらくその読者は、死の覚悟を決めていた教養ある青年だったのでしょう。

ところが戦後になると、そういった本はパタッと出版されなくなりました。

再び死生観論復活の兆しが見えてきたのは、ようやく七〇年代になって、加藤周一、M・ライシュ、R・J・リフトンによる『日本人の死生観』が出てからのことです。

戦艦大和ノ最期

この死生観の沈黙の時期に、ただ一人、日本人の死生観を激しく問う文章をしばしば書いた人物がいます。

それは吉田満という人です。彼は、世界最大の浮沈戦艦とうたわれた「大和」に乗り組んだとき、二十一歳の少尉でした。

昭和二十年三月、戦艦大和は、沖縄に集結してきた膨大なアメリカ軍の囮となるため、片道だけの燃料を積んで出航しました。いわゆる「沖縄特攻作戦」です。

結局アメリカ軍の猛烈な爆撃にあって、大和はきのこ雲を吐いて沈没しました。

乗組員三三三二人中、生き残った者は一割弱。その中に吉田満がいました。

その四カ月後、彼は自身の戦争体験を、一日のうちに大学ノートに書きあげました。

漢字とカタカナばかりの文語体の文章は、今の私たちにはちょっと読みにくいのですが、がまんしてそろそろと読み進めるにつれて、ぐいぐいと引き込まれてしまいます。

松岡正剛は「この一冊が持つ、まことに名状しがたい疾患に犯されたかのような感動の性質は、いまの日本のどこを探してもない」と書いています。私も今回読み返しましたが、またもや熱病にかかったように、頭と目が熱くなりました。

彼が一日で書いたこのノートは、いろいろな人に回し読みされ、やがてボロボロなって小林秀雄のところにたどり着きます。秀雄は「自分が捉えた真実を、それにふさわしい文体で描く。それが文学だ。君のこの作品は、発表の意図をもって書いたものではないが、図らずも一つの文学になっている。思い惑うことはない、このまま進んでゆき給え」といったそうです。

小林は自分が始めた雑誌の創刊号にこれを掲載しようとしましたが「軍国主義的である」としてGHQは発禁処置をとりました。

ですから皮肉なことに、この本の最初の熱心な読者は、日本語の堪能な情報教育局のアメリカ人でした。

結局、日本が独立を果たした昭和二十七年に、やっと創元社から『戦艦大和ノ最期』というタイトルで原文のまま発行することができたのでした。

しかし、出版後も受難は続きます。右からも左からも、強い批判を受けたのです。

左からは「戦争を肯定している、軍国主義賛美だ」と非難され、また反対に兵士たちからは「あのように軟弱に自分や家族のことを考えるのでなく、従容として任務を果たしたのだ」という反論。この反論の声は特に、職業軍人や沖縄特攻に参加した人の間で強かったということです。

この対立は読者をしていまだに熱病にかからせる源であり、いまだに私たちの中にある死生観の崩壊の原点ではないかと思います。

青春の無限の可能性の喪失

『戦艦大和ノ最期』は昭和二十年三月二十九日の呉出港から、四月七日に撃沈されるまで、二十一歳の副電測師が見て感じたままをすべて書き留めるという形をとっています。純粋なノンフクションというわけでなく、筆者がその場で考えたことが描かれています。

この本は出港から沈没、漂流、救出まで、極限のクライマックスが続きますが、その中でも大きな山場は、海軍兵学校出身者と学徒兵の間で起きた、死生観をめぐる談義です。

彼らは死を目前にして、死ぬことに何の意味があるのかについて、激しく言い合いました。

吉田などの学徒兵は、天皇陛下の名のもとに死んでゆくという「単なる神話」では納得できない、もっとなにか、死んでゆく「理由」や「大儀」がほしい、このままでは死ぬ意味が見出せないと言います。

「君国ノタメニ散ル　ソレハ分カル。一体ソレハドウイウコトトツナガッテイルノダ　俺ノ死　俺ノ生命　マタ日本全体ノ敗北、ソレラ一切ノコトハ、一体何ノタメニアルノダ」と問うています。

それに対して、軍事教育一筋できた海軍兵は、「国ノタメ、君ノタメニ死ヌ　ソレデイイジャナイカ」と反論します。

戦前・戦中の海軍兵学校は、極めつきの優秀な青年しか入れませんでした。そこで学ぶ死生観は単純にして直截、「天皇陛下の命令のもとで死んでゆく」ということです。

しかし、学徒兵はそれでは納得できませんでした。彼らは大学で西洋的な理論、倫理観を学んだエリートです。

「ソレダケジャ嫌ダ　モット何カガ必要ナノダ」

片道だけの燃料を積んだ軍艦に乗って、囮として死ぬ運命は受け入れる。しかしなぜ死んでゆくのかの大儀がほしいと願います。

彼らは、家族を守るとか、抑圧されている東洋の人を救うのだとか、そういう意味づけが必要だと教育されてきたのです。相容れない死生観を持つ者同士が、これから沈んでゆく船に一緒に乗っているのです。

「遂ニハ、拳闘ノ雨、乱闘ノ修羅場トナル」

この対立の痛ましさは、両者が激しく対立しているように見えて、実際はじきに共に死んでゆく運命共同体の仲間であることです。

その中で臼淵という名前の大尉が、次のような仲裁案を出しました。

「進歩ノナイ者ハ決シテ勝タナイ　負ケテ目ザメルコトガ最上ノ道ダ　日本ハ進歩トイウコトヲ軽ンジ過ギタ　私的ナ潔癖ヤ徳義ニコダワッテ、本当ノ進歩ヲ忘レテイタ　敗レテ目覚メル　ソレ以外ニドウシテ日本ガ救ワレヨウカ　今目覚メズシテ　イツ救ワレルカ俺タチハソノ先導ニナルノダ　日本ノ再生ニサキガケテ散ル　マサニ本望ジャナイカ」

これに皆納得して、乱闘は止んだといいます。この臼淵大尉は二十一歳、吉田満より半年若く、海軍兵学校出身だといいます。さきほど学徒兵と兵学校の立場の違いを指摘しましたが、必ずしも学校の性格だけでは個人の死生観は測れないという証明になりました。

高校生のとき私は「どうしてあんな馬鹿な戦争に反対しなかったの?」と父に聞きただした覚えがあります。父は「反対するなんて考えられなかった。みんな信じていたんだ」と自信なさげに、もごもごとつぶやくだけでした。

そんな不甲斐ない親世代を傲慢にも見下していましたが、五十歳をすぎてこの本を読み直すと、私は兵士たちが問うた死生観について、なにもまともに考えてこなかったし、なにも受け継いでこなかったという焦りのような思いにかられました。

戦後八〇年を控えて、私たちは今享受している平和をあたりまえの前提として「自分はどこでどのように死ぬか」ということばかりを考えています。しかし、自分の死について、戦争で死んでいった三百万人の人々の思いを踏まえて考えたことがあるでしょうか。

生き残った吉田満が五十六歳で亡くなるまで問い続けたことはそれでした。一九七八年に書かれた『戦中派の死生観』のなかで、こう言っています。「彼ら（戦死者）は自らの死を納得したいと念じながら、ほとんど何事も知らずして散った。その中の一人は遺書に将来新生日本が世界史の中で正しい役割を果たす日のくることをのみ願うと書いた。その行く末を見届けることもなく、青春の無限の可能性が失われた空白の大きさが悲しい。悲しいというよりも、憤りを抑えることができない」

「戦後日本の社会は、どのような実りを結んだか。新生日本のかかげた民主主義、平和論、経済優先思想は、広く世界の、特にアジアを中心とする発展途上国の受け入れるところとなりえたか。政治は戦前とどう変わったか、われわれは一体、何をやってきたのか」[1]

この問いは、ついに満足な答えを得ることのないまま、長い時間が流れました。平和も民主主義もますます色あせて、答えは出ないままです。私たちは戦死者たちの死生観を、ついに受け継ぎそこねたのです。死者と生者が入り混じって、区別がつかないような戦場から、やがて「死」というものを病院の隅に押しやって、見えないようにしてしまったのです。

「自分の死にどんな意味があるのか」という根本的問いは、いまでも私たちの心に突き刺さったままです。

死、ワレニカカワリナシ

『戦艦大和ノ最期』には救助艇に引きあげられ、九死に一生を得た吉田満が悪寒に震え、最初に抱いた感慨が記されています。この本の最後の部分です。

「死、ワレニカカワリナシ。死、ワレニ近キ時カエッテワレヨリ遠ザカリ、生安ラカニ全キ時、初メテ死ニ直面スルヲ得ベシ。不断真摯ノ生を措キテ、死ニ正対スル途アルベカラズ」

爆撃を受け、海に放り出されて、重油でまっくろな極寒の海に沈みながら浮かんでは、同じようにポカリと浮かんでくる同僚の頭が、西瓜大の「たどん」のようなのを見て、フツフツと笑いがこみあげてきたというような体験を味わっているあいだは、死から最も「遠ざかった」状態だったと、あとで知ります。「死」に直面できるのは、安全な環境にいるときだけだと。この体験から三十三年たって、『青年の生と死』というエッセイのなかで、彼はこう書きました。

「いざ死に直面したときに、ある悟りとか、特別の死生観とかが都合よく自分を助けてくれるというようなことはあり得ない。あくまでも平凡な毎日を生きている、ありのままの自分、頼りになるのはそれだけである」[2]

死が跳梁跋扈する環境で、逆に死と向かい合うことができなかった吉田さんは、その後カトリックに帰依しました。戦艦大和で味わった「孤独、寂寞、絶望」のなかの死ではなく、「一瞬一瞬に至誠をつくし、悔いなき刻刻を重ねる」ことによって「いのちをいとなんでゆく」ことを指導してくれる一人の神父に出会ったのがきっかけでした[3]。

死ぬならがんで死にたい

平和がやってきて、結核がペニシリンのおかげで死病でなくなり、がんが怖れるべき「死」のシンボルとなりました。

がん＝死病というイメージはごく最近は薄れてきましたが、医者に「なんの病気で死にたいか」とアンケートをとると、「がんで死にたい」という答が断然トップにくるそうです。医療小説を書く医者である久坂部羊さんにお会いした時も「自分も死ぬならがんで」と明言されました。羊さんの父上も医者でしたが、八十八歳のとき、自分にがんの診断がくだったと聞いて「しめた！」と叫んだとエッセイのなかで書いておられます。

どうして「がん」が死ぬにはいい病気なのでしょうか？

理由は三つほどあります。死期をかなり正しく推定できるので計画を立てやすいこと、QOLを落とさずに末期まで活動ができること、それに緩和医療の進歩のおかげで、麻薬でかなりのところまで痛みを抑えることができるようになったことです。

しかし「がん」というと「壮絶な闘病」という表現が今でもくっついてくるように、きわめてきびしい病気であることに違いはありません。

私が「実は肺がんなのよ」というと、初めて聞く人は、いきなり匕首を突き付けられたようにひるみます。目を見張って言葉を失う人もいるし、さりげなく息を飲んで「そうですか」と流す人などいろいろで、脅かす効果を楽しんだ時期もありました。しかし葵の御紋のように振りかざすのは、あまりいい趣味ではないかもと思って、今は相手をよく知ってから話すようにしています。

がんが急増した

がんで亡くなる人が急激に増えたことは、戦後の死生観を眺めるうえで、おおきなファクターになっていると思います。戦前はがんによって亡くなる人の数は、結核や心臓発作、脳溢血に次いで四位で横ばい状態だったのが、戦後にぐんぐん増え、八〇年代には死因の一位となり、それ以来も断トツで伸び続けています。男性は二人に一人、女性は三人に一人ががんにかかるというほどの国民病になりました。

一九九七年、がんで妻を亡くした星野史雄さんは、がんの闘病記を読み漁るようになりました。がんを発病した妻が「同じ乳がんになった人の体験談が知りたい」といったのがきっかけでした。妻が亡くなってからも、「あれでよかったのだろうか」という疑問に突き動かされ、当事者が書いた闘病記をあさるようになったのです。闘病記の著者は無名な人が多いうえに、発行部数の少ない自費出版の本がほとんどです。星野さんは、古本屋をまわって有名無名の闘病記三四〇〇冊を収集したときに、自宅で闘病記専門のWEB古本屋を始めました。

二〇一〇年には自身もがんが見つかり、二〇一六年に亡くなりましたが、最後まで収集を続けました。亡くなったときには八千冊の闘病記が残ったということです。星野さんはそれらすべてを熟読し、「いろいろな角度から見るために少なくても三冊は読むように」、「がん闘病記の三分の一くらいは反面教師としてとらえなくてはいけない」と言っています。

戦後に書かれた闘病記は、数えきれないと思います。ましてブログは星より多い数でしょう。

がんの闘病とシジフォスの闘い

私も含めて、がんになった多数の人々の体験を、ギリシア神話に登場するシジフォスという英雄になぞらえたいと思います。

シジフォスといえば、カミュの『シーシュポスの神話』に扱われている英雄で、最高神ゼウスに反抗したために、厳しい刑罰を受けました。

その刑罰というのは、大きな岩をふもとから山頂に押し上げる仕事なのですが、山頂まで押し上げた瞬間に、岩がふもとまで転がり落ちてしまうのです。そしてまた同じことを永遠に繰りかえす——カミュはいずれ死んですべては水泡に帰すことをよく知っているのに、それでも努力する人間の姿をシジフォスになぞらえました。

必ず落ちると知りながら岩を何度も山頂に押し上げるのは、バカでムダな行為と思われますが、そうと知りながら押し上げるところに、人間が生きる意味があると考え、シジフォスを「不条理の英雄」と呼びました。

不条理という言葉は、実存主義がもてはやされた六〇年代によく使われた言葉です。カミュ自身の定義によると「この世界が理性では割り切れないと知りつつ、それでも明晰を求める願望が心に鳴り響いていて、両者が激しい対立状態にある」ことだと定義しています。

いうなれば、神を否定し、死を憎み、生に情熱を燃やしますが、理性だけで生き続けることは無理と知りつつ、それでも理性で乗り越えようと努力する人間像です。

がんの闘病記には、この英雄の姿と重なるところがあります。

戦争でそれまでの価値観がすっかり崩れたあと、私たちにとっての新しい指針は理性と科学だけになりました。しかし理性では説明できない事象が人間には次々と押し寄せてきます。病気、死はその代表的なものです。

私たちはそれに立ち向かうのに、既成の宗教に頼ることはできません。理性と科学を頼るほかないのですが、これがあまり頼りにならないことはよく知っています。それでもこれに頼るほかないのです。

作家の中上健治さんは一九九二年八月に四十六歳で、腎臓がんのため急死しましたが、死の直前の五月に『文學界』の対話で、自身のがん闘病をシジフォスの行為に例えています。「がんは老いと死を急速に展開させる病気なので、不条理な病気であり、人を存在に眼をむけさせて思索家にする特別な病」で、病気になった自分は「シジフォスのようにがんと戯れて生きる」と戦闘宣言をしました。中上氏はその直後亡くなりましたが、私はその話を聞いて、戦後書かれたたくさんの闘病記は、無数のシジフォスたちの記録であるような気がしてきました。

シジフォスの神話

さてここでギリシア神話のシジフォスの物語をさらっておきましょう。

シジフォスはたいへん頭がよいことで有名な、コリントス市を創建した英雄です。しかしゼウスやタナトスを何回も騙したために、厳罰に処されました。

ある日シジフォスは、ゼウスが河の神アソポスの娘のニンフを誘拐するところを目撃しました。

娘の行方を捜してやってきた河の神アソポスは、シジフォスに知っていることを教えてくれと頼みます。全能のゼウスの告げ口をすることはゼウスに楯突くことになりますから、決してしてはいけないことでした。

しかし、シジフォスは自分の都市に新鮮な泉を湧きださせてくれることを条件に、娘の居所を教えました。神への恭順よりも、自分の町のインフラを優先したのですね。

ゼウスはそれにとても腹を立て、シジフォスをハデスの館に連れてゆくようタナトスに命令しました。

タナトスはシジフォスの家に赴き、鎖でつなごうとしますが、シジフォスは言葉巧みに鎖を褒め上げ、使い方を教えてくれと頼みました。タナトスはまんまと引っかかって自分に鎖をかけるところを実演してみせると、シジフォスはいきなり手錠に鍵をかけて土牢に閉じ込めてしまいました。

タナトスが動けなくなると、この世で死ぬ者がいなくなってしまいました。瀕死の病気になっても、大けがをしても、首を切られても、誰も死ぬことができなくなったのです。

戦いの神アレスはこれに困惑しました。いくら敵をやっつけても、敵は死なないからです。

そこでアレスは土牢に押し入ってタナトスを解放しました。タナトスはさっそくシジフォスを探しだして、やっと彼を冥府に送りました。

しかし、シジフォスのほうが一枚上手でした。そんなこともあろうかと準備を整えていたのです。

妻のメロペーに、自分が冥府に連れられて行っても、決して自分の葬式を出してはならないと言い含めておいたのです。冥府に連れてこられたシジフォスは、冥府の神ハデスに葬式が済んでいないと嘆いてみせ、自分を省みない妻に復讐するために三日間だけ生き返らせてくれと頼みました。こうしてまんまと生き返ったシジフォスは、ハデスとの約束を反故にして、ずいぶん長生きしました。

やがてシジフォスが天寿を全うして冥府に連れられてゆくと、厳しい懲罰が待っていました。大きな岩を山の頂上まで押し上げる罰ですが、岩はすぐにふもとまで転がり落ちてしまいます。シジフォスは山を降り、また岩を押し上げる労苦を永遠に繰り返すことになりました。

シジフォスといえば神話上では、狡猾で悪知恵を使って神を欺いたアンチ英雄で、ついには意味のないムダな労働を永遠に強いられる受刑者の代表として扱われています。

カミュはこの神話を現代風に読み替えて、人間の力の弱さを明晰に知りながら神に反逆し、自分の運命を、確信をもって引き受ける「不条理の英雄」と考えました。マイナスとされていたことに、プラスの意味を与えたのです。とりわけカミュの想像力をかき立てたのは、転げ落ちた岩を追って山頂からふもとに降りてゆくシジフォスの姿でした。シジフォスは重い、しかし乱れぬ足取りで、人間としての不条理をかみしめながら歩いていることでしょう。

「かれが山頂を離れ、神々の洞穴のほうへすこしずつ降ってゆくこのときの、どの瞬間においても、かれは自分の運命にたち勝っている。かれは、かれを苦しめるあの岩よりも強いのだ」[4]

がんという強敵に対して、知恵を絞って立ち向かう患者の立場は、カミュの描くシジフォスと共通点があります。もはやかつての先祖のように、我が身の生き死にを神や宗教に委ねることができません。

がんという強敵は、絶対的な破壊力を振るってきます。それに対するのは、自分が創り上げた哲学、個人のアイデンティティーと、どの医療法を選ぶかという決断力だけしかありません。

ここで、がんで亡くなった人の闘病記で、私が気になったものをいくつかピックアップしたいと思います。

驚くのは、日本のシジフォスは、やはり現実主義に徹していることです。死んだらどうなるのかとか、魂はどこにゆくのかということはわきに置いて、「その日その日を生きてゆく」姿勢を貫いています。

生命飢餓状態でも宗教には頼れない　岸本英夫

がん闘病記の古典ともいえるのが、一九六四年に出版された岸本英夫さんの『死を見つめる心』という本ではないかと私は思います。

岸本さんは、スタンフォード大学で客員教授としてアメリカに滞在していた一九五四年に、突然がんで余命半年と宣告されました。当時はアメリカでも普通、がん告知はされなかったはずですが、「キシモトなら言ったほうがいいだろう」という同僚の判断だったそうです。

私がなぜこの本が重要だと思うかというと、岸本さんが宗教学の専門家であり、宗教を熟知した立場の人だったからです。そういう人が、がんと対峙するにあたって、「天国」とか「永遠の命」とかいうたよりないものに頼ることを拒否し、「素手のままで」死と対峙する姿勢を貫いたのです。

岸本さんは、宗教は楕円形をしていると言います。中心が上と下に二つあるのです。

上の中心は、神とはなにか、宇宙の根本原理とはなにかというような、形而上学的な問題。宗教の本質的な部分ですが、これだけでは抽象的で現実から足が離れてしまいます。同時に「下の重心」、つまり「いかに生きるべきか」「人間関係をどうしていくか」などの問題も重要です。

宗教学は両方の側面を同時に眺める新しくて若い学問なのです。「宗教に同情と理解を持ちながら、しかも第三者的な立場に立って科学的観察研究する」ためには社会学、人類学、心理学などの二〇世紀の新しい研究が必要になります。

『死を見つめる心』には、そういう学問を究めてきた人が、いざ自分ががんになったとき、どのように死に対峙したかが明晰な文体で書かれています。

がん宣告を受けた瞬間から、岸本さんは「生命飢餓状態」に入ります。「生命飢餓状態」とは生命の危機が迫っていて、生存の見通しが絶望的になったときに起こる心の状態です。生きたいという熱望、死に対する恐怖が、「筆舌を超えたすざまじさ」で心の中で吹き荒れます。いままで自分だと思っていた「この自分」は、死後どうなるか？

現代人にとって、死とは「この、今、意識している自分」の消滅以外にありません。肉体が崩壊すると、感覚器官も神経も脳も分解してしまいます。

生理的構造がないところに、「この自分」という意識だけが存在すると考えるのは「相当に無理がある」と岸本さんは考えます。私の体は消滅しているのに、私の意識は存続するとは「私の心のなかにある合理性」が納得しない。肉体の死とともに、私というものも滅びるだろう、と考えます。

死が目の前に迫っているなかで、自分は天国に行ける、などと信じられれば、どんなに楽かと思いますが、知性がそれを許しません。岸本さんのなかでは「納得できないものを信じるような妥協をお前はするのか」という知性の声がいつも勝ちました。

「生命飢餓」という絶望の暗闇を見つめ続けているうちに、岸本さんは一つのことに気が付いたといいます。

それは「死」には実体がないということです。自分が見つめていると思っていた死には実体がない。今生きている生命こそが実体であって、それが無くなるのが死ということです。生を光としたら、死はそれが無くなった状態のことにすぎません。

その考えを推し進めると、人間にとって死には実体がないのだから、すなわち死は存在しないに等しく、あるのは生命だけです。それで、明日死ぬ命も、健康を謳歌しているときの命も、同じように尊いのだと考えるようになったといいます。そこから「命が消える直前まで、人間は命を大切によく生きなければならない」という結論が導かれました。

人間にとっていちばん大切なことは、与えられた命をどうよく生きるかということです。宗教による救いを拒否したことで、生命の絶対的肯定論者になるという逆転を体験したのです。

岸本さんにとって「よく生きる」ということはがむしゃらに働くことでした。「あいつは手負いの猪だから、あんなにがむしゃらに働いている。危なくて、近寄れない」と言われるほど働きました。

宗教学の研究を深め、ほとんど毎年外国への講演旅行に行き、そして乞われるままに東京大学図書館長として、老朽化した図書館の近代化まで成し遂げました。

「死」に対峙して七年目、岸本さんの死生観にまた新たな視点が開けます。

日本女子大の創始者成瀬仁蔵氏は自分が末期の肝臓がんにかかり、余命いくばくもないと知ったとき、車いすで女子大の講演室に自分を運ばせ、全学生に別れの講演を行って、人々に感銘を与えたといいます。

岸本さんはそのエピソードを知り、死とは大きな「別れのとき」だという新しい「気づき」を得ます。

人間は卒業、引っ越しなど、必ずいくつかの別れを体験するものです。そのときは悲しみを味わいますが、そこに思いがけない解放の味を体験することもあり、なんとか耐えていけるものです。死とはこのような別れの大仕掛けな、徹底したものなのではないかと考えたのです。

死もそのつもりで準備すれば耐えられるのではないか。日常の別れを覚悟するのと同じように、日常のすべてのことを、これが最後かもしれないと思って丁寧に生きていけばいいのではないか。

彼がそれを実行したことは、家族や友人の証言から明らかです。ある友人は「がんを宣告されてからの岸本さんの変わりようは括目に値した」と言っていますし、家族も「父として夫として精一杯生きてくれた」と言っています。


がん宣告をうけて、死と対峙するにあたって「この私の魂は永遠に残る」と記した手記にはまだお目にかかったことがありません。

乳がんを発病してから「あけぼの会」というがん患者のサポート組織を作ったワット隆子さんは「死の直前でも私がアーメンをやっている姿は想像できない。死とは夜眠ったら朝目が覚めなかったということだと思いたい」と書いています。

もっとも宗教に帰依する人は、闘病記など残さないのかもしれません。

『日本人の死生観』を書いた、戦後最大の知識人といわれる加藤周一さんは最晩年にカトリックに入信したそうです。日本の精神医学を代表する精神科医である中井久夫さんも最近カトリックに入信し、上野千鶴子さんに「なぜ」と聞かれて「べんりなもん」と答えたそうです[5]。

『死の淵より』　高見順

『死を見つめる心』が出版されたのと同じ年に、戦後の死生観の基礎を築くもう一冊の本が出版されました。

高見順の詩集『死の淵より』という本です。

一九〇七年生まれの高見順は小説家、評論家として活躍していましたが、五十六歳のとき食道がんが発覚。計四回にわたる手術をうけましたが、その甲斐なく一年一〇カ月の闘病の末、亡くなりました。五十八歳でした。岸本さんが理詰めで展開した死に直面する心の葛藤を、高見さんは詩によって表現しています。

絶望に苛まれながら、それでも生きたいと熱烈に思う「生命飢餓状態」を高見さんは次のように歌っています。

泣け、泣きわめけ
大声でわめくがいい
うずくまって小さくなって泣いていないで
膿盆の血だらけのガーゼよ
そして私の心よ[6]

岸本さんは最終的に死とは「別れ」であると定義し、亡くなるときは、枕辺のひとりひとりに目を合わせて、こころを込めた挨拶をして亡くなったと遺族が証言しています。
高見さんも、「別れ」について詩にしています。病院にゆくために乗った電車が川崎駅に停車したとき、ホームを歩く若者の列に、別れの挨拶を送ります。

ホームを行く眠そうな青年たちよ
君らはかつての私だ
私の青春そのままの若者たちよ
私の青春がいまホームにあふれているのだ
私は君らに手をさしのべて握手したくなった
なつかしさだけではない
遅刻すまいとブリッジを駆けのぼって行く
若い労働者たちよ
さようなら
君たちともう二度とあえないだろう
私は病院へガンの手術を受けにゆくのだ

こうした朝　君たちに会えたのはうれしい
見知らぬ君たちだが
君たちが元気なのがとてもうれしい
さようなら
もう出発だ　死へともう出発だ
さようなら
青春よ
青春はいつも元気だ
さようなら
私の青春よ[7]

岸本さんが述べなかったことで、高見さんが、しばしば歌った内容に「お迎え」という現象があります。

死を身近に感じると、何かこの世ならざるものが、身近にやってくるような気がするという報告は、よく聞きます。高見さんは「お迎え」にとても敏感だったようです。その詩によると「お迎え」は、入道雲のように顔がなく、現れたり消えたりする、ちょっと不気味な存在です。

水平線から
顔がのぞいている
不気味な不可解な顔だが
私には分っている
私が知らねばならぬ顔だ
夏の入道雲みたいに大きくはないが
そのようにあっけなく消えはせぬ
消えたと見えてまた顔を出す
私が死ぬのを待っているのか
それほど私もうぬばれてはいないが
私が死ぬまでそれはのぞきつづけるだろう
ちょうど私の心から血が流れつづけるように

（七里ガ浜K病院にて）[8]

顔のない「お迎え」は、なまぐさい息で、「私」にささやきます。「まだですか」と。振り向いて「お迎え」と対峙しようとも思うが、自分も「お迎え」に近い顔をしているのではないかと恐ろしくて、それと対峙できないのです。

まだでしょうかと　そいつがうしろから
猫撫で声で　おれにささやく
まだ？　まだとはなんだ
俺は何も共同便所で小便をしているのではない
まだ達者で歩いているおれのあとを
足音を忍ばせてこそこそつけてくるのはよせ[9]

高見さんは、戦後の日本人が死を前にして感じる感慨をあますところなく記してくれているような気がします。死の孤独感、悲しみ、惜別、挨拶。そして岸本さんが記さなかった、死がもたらしてくれる解放と自由も、一縷の可能性として歌っています。

私の一番好きな詩は「巡礼」です。死にむかう過程を巡礼の旅にたとえ、喉から胃まで手術で摘出された自分の体を線路と見立て、そこをとぼとぼと歩いてゆく巡礼の姿を思い浮かべます。

人口食道が私の胸の上を

地下鉄が地上を走るみたいに
あるいは都会の快適な高速道路のように
人工的な乾いた光を放ちながら
のどから胃に架橋されている
夜はそれをはずして寝る
そうなると水を飲んでももはや胃には行かない
だから時には胃袋に睡眠薬を直接入れる
口のほかに腹にもうひとつ口があるのだ
シュールレアリズムのごとくだがこれが私の現実だ[10]

リアルタイムで闘病を報告　千葉敦子

がん闘病記で、強いインパクトを与えたのが、ジャーナリストの千葉敦子さんの手記でした。

一九八六年の後半から乳がん治療のためにニューヨークに渡った千葉さんは、週刊誌『朝日ジャーナル』に「死の準備日記」を連載して、アメリカの闘病環境、医師との付きあいかた、友人との交流の様子を毎週レポートしていました。私も食い入るように読んだのを覚えています。

フリージャーナリストとして活躍していた彼女は、三十九歳のとき乳がんの手術をしますが、二年後に再発。その直前にニューヨークに移住することを決意します。患者の立場から、当時の日本のがん治療の現場の問題点、何よりも治療の選択肢をたくさん提供してくれるアメリカのがん治療の在り方を紹介しました。

読み直すと、今なら日本でもがんばって探せば見つかるようになった療法、たとえば音楽療法とか、笑いの大切さなどが語られています。特に印象に残るのは、医者まかせにするのではなく、当事者が自分の逝き方を自分で決めるという覚悟の大切さを、きびしい口調で語り続けたことです。千葉さんが命をかけて発し続けたメッセージは、今のすべてのがん患者の考え方の基礎を創ってくれました。

闘病の過程をリアルタイムで冷静に報道するという姿勢は、その後引き継がれて、今日のブログの花盛りにつながります。たとえば二〇〇二年に大腸がんで亡くなられた朝日新聞記者の井上平三さんは病床から「がんを生きる」を新聞に連載して、人々に勇気を与えました。亡くなられてから、連載記事は『私のがん患者術』という形にまとめられました。寝ながらでも楽に読めるように、本ではなく、薄いパンフレットにするようにと言い残されたそうです（岩波ブックレット№５６９）。

「患者が気軽に病気や検査、治療方法を学ぶことができる情報室が必要」、「同じ病気や治療を受けた先輩患者の体験談を語り合う場がほしい」という訴えは、遺族の努力とＮＰＯの協力で、大阪医療センター内の患者情報室として具体化し、今も誰でもアクセスすることができます。

自分の病気について医療はどこまでできるか、知ることは恐ろしいけれど、生きるにはさらに知るしかない、がん患者にとって「情報こそ命の綱」という考え方が主流になってきました。「賢い患者になりましょう」というスローガンを立て、患者が主体的に治療法を決めることができるように支援するＫＯＭＬというＮＰＯ法人の活動はよく知られています。

世の中が輝いて見える　井村和清

がんにかかった医者からの発言も、増える一方です。医療情報を満載するだけでなく、あっと驚くような死生観を残してくれた医者もいます。

まずは『飛鳥へ、そしてまだ見ぬ子へ』を残した井村和清さんです。

創立されたばかりの徳洲会病院の若い医師でしたが、一九七七年に右膝にがんができました。転移を防ぐため、自ら決断して脚を切断しましたが、翌年肺に転移して一年後に亡くなりました。

がんになったことを、一歳半の娘（飛鳥ちゃん）を抱えた妻には極秘にして、いつも通りに働き始めました。しかし、職場に戻って三カ月のある日、がんが肺に転移していることがわかりました。

状況は絶望的で、おそらく自分は死ななければならないだろうと覚悟しましたが、しかし一縷の望みをかけて、仕事をしながら抗がん剤と免疫療法を始めようと決心します。

それから家に帰るために駐車場まで歩いていたとき、いままで見たことのない光景が開けてきました（以下本文より）。


自分のアパートの駐車場に車をとめながら、私は不思議な光景を見ていました。世の中が輝いて見えるのです。スーパーに来る買い物客が輝いている。走り回る子供たちが輝いている。犬が、垂れはじめた稲穂が、雑草が、電柱が、小石までが美しく輝いてみえるのです。アパートに戻って、見た妻もまた、手を合わせたいほど尊くみえたのでした[11]。

実は私も、がんの転移を知らされたとき同じような体験をしました。手術をしてから二年目、あんなに恐れていた再発を病院で告げられました。なにも考えられず、ふらふらと電車に乗っていつもの駅で降りました。家への道を歩いているとすべてが輝いて見えました。川沿いの並木がうねって光の粉を噴き出し、それがあたり一面に降り注いでいます。植え込みのクチナシの花がいっせいに揺れて、私に話しかけてきました。あたりの芝生も緑の光をやわらかく放射しています。あまりにありがたくて、しばらく立ち止まっていました。

がんで亡くなった医師はたくさんいます。井村さんも、刻々と変わる自分の病気の進行具合をよく知っており、亡くなる一日前に「血圧まだ60くらいある、まだだいぶ間があるな、明日の朝まで持つかな」、自分の左手首の脈を計って「血圧40くらい…」と自分の身体の変化を見ながら亡くなりました。

死の敷居を意識してまたぐ　岩井寛

生と死の敷居をまたぐとき、体の変化を脈拍や血圧で分析する医者の記録はたくさんあります。それぞれが渾身の力を振り絞って書き残しています。

なかには、死への敷居をまたぐときの意識はどういう変化を得るのかという疑問を解くために、自身の死を実験台にして報告書を残した人もいます。それが岩井寛さんです。彼は聖マリアンナ医科大学の精神医学者で、がんで一九八六年に亡くなりました。

亡くなるまで五カ月ほどの間、親友である松岡正剛さんを相手に、岩井さんは死について語り続けました。そのテープを、松岡さんが哀惜を込めて分厚い報告書にまとめたのです。

病院での会話の録音テープは四〇時間にもわたるもので、がんが旺盛に増殖し、死に刻々と近づいてゆくのをどう意識するのかを、岩井さんは懸命に語っています。

「（僕には）完全なる自由が目の前にあるからこそ、いま人間としての、どんなに過酷であろうともそれを引き受けなければいけないという気持ちです」

そのなかで岩井さんは、自分の立場は科学者であるけれども、無宗教でも唯物論者でもない「空無の世界」を語ります。

「ただし本当に身をゆだねるためには、自分自身の問題ですよね。自分が本当に納得できるような姿勢で『その空無の世界』にまでたどり着いたときに、ああ、おれはこれで十分に揺りかごに身を任せられるんだ、というふうになるんであろうと思うわけです」

読者としては、松岡さんに「その世界はいまどんなふうにみえますか」とか「その境地につく見込みは？」とか聞いてほしいのですが、もちろんそんな問いはできるはずもなく、松岡さんは質問を死から眠りにずらして聞いてしまいます。

四月二〇日「最期の最後」の会見が行われました。

病室に着くや否や「脳――。最後は脳ですね」という声がカーテン越しに聞こえてきます。「腫瘍が内臓の働きを侵食して、臓器がだめになっても、すぐ死ぬわけでなく、全身の問題となるでしょうね。全身の問題として生と死を分けるとなってくると、やっぱり脳が一番関与するということになるでしょうね。脳が最後まで生命体を確保しているわけです（…）。こうして自分が直面してみると、やはり人間というのは中枢が支配しているということがわかりますね。また、そこに人間の尊厳があるんじゃないですかね」

「それはこころというものでしょうか」という質問に、「そういうことになるんでしょう」と答え、「自分の意志も感情も関与しなくなる譫妄状態になるまでに、どこまで人間の尊厳が維持できるかが問題だと思います」と言い切ります。

「こころがバラバラになっても、身体がまだ生き残っているのが譫妄状態になることです。それは人間の意志ではどうすることもできないし、そうなったらそれは一種の救いでもあるんですね」

「人間のこころが解体したのちになっても、透徹した目でみなければならないとしたら、それほど残酷なことはない」

ところで、岩井さんの師である森田正馬（森田療法を編み出した精神神経医）が死ぬまぎわに「怖い、怖い」と大騒ぎをしたという逸話が残っています。岩井さんは、自分の死が近づくにつれて、師の死に方を全面的に受け入れ、「それも森田的なあるがまま」なのだろう、という気持ちに変わったのです。その救いがくるまでに、自分が人間の尊厳を持ち続けられるかどうかが一番心配だと打ち明けます。

岩井さんは、背中の痛みを麻酔でブロックし、ご飯を口から入れられなくても栄養を届けられる中心静脈栄養（ＩＶＨ）という装置をつけていました。この装置を使うと、普通なら衰弱するか、暴れるか、混乱するケースが多いのですが、岩井さんは最期まで、驚くべき明白な意識を保ったそうです。

「医療の進歩で人間がこのように長生きできるようになったという勝利と、それから自然死ができなくなったということで、これから死を与えられる人は、もっともっと苦しまなければならないんですよ」

「でも僕はいいほうだと思うんです。非常にさめた目で（自分が死んでゆくのを）見ているでしょう。で、自分の悪化していく進行を確実に追っているわけです」

その約一カ月後、亡くなる前日の五月にも原稿の校正を口述しようとしましたが、聞き取ることは出来なかったそうです。臨終の一時間前にも「何か書くものをください」といって、なにかを記録しようとなさったそうで、はっきりとした意識を保って死の敷居を跨がれたのだと思います。

その先、意識はぷっつりと切れたのでしょうか、赤ん坊がゆりかごに揺られるような「空無の世界」は意識できたのでしょうか。それは結局聞けずじまいでしたが、境界線を渡ろうとする意識を、別れのしるしに明らかにしようとする勇気ある探求心は、展開の見えない小説を読むようで、ハラハラドキドキして、読み終わったあとは「やっぱりわからん」という感動にひきずりこまれるという不思議な本です[12]。

人は死ねばゴミになる　伊藤栄樹

このあまりにもあけすけな言葉は、佐藤栄樹（しげき）さんが、盲腸がんで亡くなる年に遺作として書いた本のタイトルです[13]。

伊藤さんは検事総長を務めている最中、盲腸がんとわかり、定年を一年一〇カ月残して退職し、闘病しましたが、一九九八年に亡くなりました。

自分の死を見つめるなかで、伊藤さんは「人は、死んだ瞬間、ホコリと同じようなものに変化してしまうのだと思う。全くのゴミみたいなものと化して、意識のようなものは残らないだろう」と考えました。

しかし、その考えを奥さんに打ち明けると「そんな冷たい考え方は、いやよ。死んでからも、残された私たちを見守っていてください」と言われます。それに対する、愛に満ちた返答を読むことができます。

伊藤さんは奥さんのことを思い、「死んでゆくものは、残される人たちの心を汲み、生きているあいだは、できるだけこれに応えなければならない」と述懐しています。

一方で遠藤周作の「愛する人に死んだら会えるという希望は、大きな悦びとなる」という言葉には反論して、「死んだ後までこの世のきずなを引きずらされてはかなわんなあ、という気がする」と書いています。それではあまりに「さばさばしすぎ」という反応をする人も多いかと思いますが、しかし伊藤さんは「死んでまで、昔のことにこだわりたくない」という人にたくさん出会っていたのでした。

実際、「お迎え」現象についても「そんなのはありがた迷惑」という人は多くいます。何人かの若い人は、あの世があるかないかという話になったとき、「死んだあと何もなくなると思うから、今なんとか生きて行けるのに、あの世があるなんて考えたくない」と言っていました。

肉体はいつかはゴミになる、ということに反対する人はいないでしょう。そのあと、意識とか愛も、ゴミとして消えてしまうのでしょうか？

仕事人間の死に方　金子哲雄

二〇一〇年頃、余命を宣告されたときどうするかという問題に、「ダンドリ命」という生き方を貫徹した仕事人間の記録が話題になりました。ちょうど「終活」ブームのピークにさしかかったころです。

まず一人目は、熱血営業マンとして働き詰めだった砂田知昭さん。六十七歳で定年退職し、これから悠々自適の生活をしようとしていた矢先の二〇〇九年、ステージ4の胃がんが発見されました。

そこで始めたのが、死ぬまでのマニュアル作りでした。仕事で獲得したダンドリのノウハウを、自分の死をプロデュースするやり方にそのまま当てはめたのです。やることリストを作製し、別れの挨拶、遺産の引継ぎ、葬儀のダンドリなどすべてをやり遂げて亡くなりました。

その一部始終を撮影してドキュメンタリー映画『エンディングノート』に仕立てたのが、娘の砂田麻美さんです。映像作家志望だった麻美さんは、中学生時代から家の日常を撮影していただけあって、その作品は、重たいテーマをユーモアにあふれた軽い雰囲気の中で扱う、見事な映画になっています。

この映画は、仕事人間のなれの果ては「枯れ落ち葉族」しかないというマイナスイメージを覆して、昭和のモーレツサラリーマンの立派な死に方を示してくれました。

もう一人、金子哲雄さんの『僕の死に方　エンディングダイアリー500日』という本も、見事なダンドリで自分の死をプロデュースしたことを示して、二〇一二年のベストセラーになりました。

金子さんは流通ジャーナリストとして、仕事が上り坂にさしかかったときに、肺カルチノイドという変わった病気にかかっていると宣告を受けます。

この病気は肺がんに似た病気ですが、一〇万人に一人の症例しかなく、しかも金子さんの場合は腫瘍が9センチもあるので、治療法はないと告げられます。

「もし今、金子さんが目の前で亡くなっても全然驚きません」と医師は言ったといいます。余命ゼロ日の宣告ですね。

これが二〇一一年六月のこと。金子さんの決断は「今まで通り働く」というものでした。あらゆる大病院に治療を断わり続けられたあげく、やっと引き受けてくれた大阪の病院で治療をしながら、それまでどおり、リサーチを続け、テレビに出演し原稿を書き続けました。テレビで激ヤセしたと話題になっても、「ダイエットしたから」と言いくるめました。大好きな仕事を続けることが、いちばんの薬と信じたからです。

さすがに七月に肺炎になってからは、仕事を減らさざるを得なくなりましたが、ラジオ出演と雑誌の原稿書きは続けました。喘息のような発作や咳の症状が現れても、レンタルの酸素吸入器を転がして、取材を続けました。

しかし八月に呼吸状態が悪化し、危篤になります。そこから奇跡的に回復しましたが、このときから亡くなるまでの四〇日間が、見事な走り方でした。

雑誌の仕事を続けるかたわら、自分の葬式と葬式後のプロデュースをすることに没頭しました。友人の弁護士にたのんで公正証書を作成し、高野山に戒名を決めてもらう交渉をし、どこに埋めてもらうかを決め、世話になる葬儀社と、葬儀の規模、誰に死を知らせるか、通夜に来てくれた人々への振る舞いの献立、挨拶文等を相談します。

また、自分の病名を世間に知らせるため、死因を「肺カルチノイド」としてもらうように医者に頼みました。

お世話になったけれど葬式には来てもらえない地方の人々のためには「感謝の全国キャラバン」を計画して妻に委託します。

さらに自分の死後、直ちに自分の亡くなったマンションから引っ越すように妻に言い渡します。妻のグリーフワークを助けるための配慮でした。

金子さんは、これらすべてのことを、細やかな優しさと大胆な行動力をもって成し遂げたのです。

いちばん驚くことは、八月末から一〇月一日に亡くなるたった一カ月のあいだに、このような終活をしながら、「どうしても最後の本を書きたい」と主張し、マネジャーを動かして本を書き上げたことです。それから一年経って、本は二〇一二年十一月に出版されました[14]。

さて、死んだのは誰なのか　池田晶子

最後にがんで亡くなった方が残した本のなかで、私のいちばん好きな本について話しましょう。池田晶子さんです。

池田さんは市井の哲学者として、四十六歳でがんで亡くなりました。

「哲学とは死ぬことを学ぶことだ」というソクラテスの言葉に忠実で、どの本でも「死ぬとはどういうことか」を追求しています。

「生きる」ことを知るためには「死ぬ」こととは何かを知らねばなりません。池田さんは、とことん考え抜いて、自分は何者でもない、そして、死もないということに気が付きました。

確かによく考えてみると「私が死ぬ」といっても、死んだときには私はいないわけですから、生きている限り死は存在しないことになります（エピクロスも、岸本さんも同じことをいっていましたね）。

一人称の死は存在しないのです。存在する物質を扱う科学で、存在しない死を定義するのは不可能ということになります。死体を死と混同して、いくら「死の判定基準」を作って議論しても、死を把握することはできません。死とは何かがわからないのに、その反対である「生きる」とはどういうことか、とてもわかりっこありません。わからないということについて考えることだけが、私たちの生きる＝死ぬ意味なのです。

ソクラテスになりきった池田晶子さんと、架空のがん患者との対話が『無敵のソクラテス』という本に記されています[15]。

そのなかで、がん患者は近藤誠さんのベストセラー『患者よがんと闘うな』を読んで不安を煽られます（がん患者の私も読みましたが、意気消沈しました）。

しかしソクラテスは言いたい放題です。「治るものは治る、治らないものは治らないといった近藤誠さんは、惻隠の情に欠けるところはあるが、当たり前のことといったからエライ。医者にだって治るか治らないかはわからんのだからね。だいたい死とは何かも知らない医療が、人を救うことなんかできない、わけもわからず生き延ばすだけだよ」

ソクラテスはさらに言いつのります。

「治るかどうか心配したって、治るときに治るし、治らないときには治らない。治らないとわかるのは、治らなかったときだから、結局死ぬときにならなきゃ、わからないのさ」

「そんなこと言ったって、がんで死ぬのはコワいですう」と涙ぐむがん患者に向かって、ソクラテスはこう言います。

「がんでなくても人は死ぬと思いたまえ。ヒトは必ず死ぬということは、がんだろうとなんだろうと変わりはないね、ということと、がんであるということは関係ない、つまりひとはがんでは死なないということだよ。がんだからといって絶望する理由なんかひとつもないじゃないか」

この文章を書いたとき、池田さんががんを発症していたかどうかはわかりません。いずれにしても、自分ががんになったとわかっても、まったく揺るがなかったろうということは確信できます。彼女の文章は、それだけの責任と覚悟のうえで書いているとわかるからです。

池田さんは、先人たちのように、シジフォスになることを選択しませんでした。岩を押し上げるのはやめて、そこに腰かけ、タナトスをじっくり眺めると、それは名前だけの幻、実体のない幻でしかないとわかったのです。

生きるとは何かも、死ぬとは何かも、わからないことをかみしめて生きる。いま暮らしている日常こそが、謎に満ちた冒険の世界ということになります。

池田晶子さんは、そんな日常を楽しみ、そしてあたりまえのように死んでゆきました。自身が亡くなるまえに、こよなく愛したコリー犬を看取りますが、その死を池田さんはこのように書いています。

「なるほど私の愛犬は死んだけれども、いなくなったわけではない。（…）老いて疲れた犬の衣を脱ぎ捨てた彼とは、すなわち魂であろう。どうしてか存在する宇宙で、どうしてか出会えたように、いつかまた出会えると思えるということは、素晴らしいことではないか」[16]

ソクラテス同様、池田さんも生き死にを超えて魂が存在する、そのことは議論するまでもなく、証明する必要もないと信じているようです。

このシンプルさが私は好きです。

・・・・・・・・・・・・・・・・・・・・・・・・・

1　吉田満『戦中派の死生観』文春学藝ライブラリー、2015年、13ページ
2　同書　323ページ
3　同書　151ページ
4　アルベール・カミュ、清水徹訳『シーシポスの神話』新潮文庫、1969年、213ページ
5　上野千鶴子、山折哲雄『おひとりさまVSひとりの哲学』朝日新書、2018年、131ページ
6　高見順『死の淵より』講談社文芸文庫、2013年、30ページ

7　同　53ページ
8　同　１３９～１４０ページ
9　同　１５４～１５４ページ
10　同　１０７～１１１ページ
11　井村和清『飛鳥へ、そしてまだ見ぬ子へ』祥伝社、２００２年、１１３ページ
12　岩井寛（口述）、松岡正剛（構成）『生と死の境界線』講談社、１９８８年
13　伊藤栄樹『人は死ねばゴミになる』小学館文庫、１９９８年
14　金子哲雄『僕の死に方―エンディングダイアリー５００日』小学館、２０１２年
15　池田晶子『無敵のソクラテス』新潮社、２０１０年、４３４ページ
16　池田晶子『死とはなにか　さて死んだのは誰なのか』朝日新聞社、２００９年、75ページ

第4章　「安楽死ができると考えられることが救いです」
疾走する西欧、目をつぶる日本

橋田寿賀子さんの戸惑い

九十二歳の橋田寿賀子さんが「安楽死で逝きたい」と『文藝春秋』で発言したのは二〇一六年の末のことでした。

「いままで精いっぱい生きてきた。一息ついたころから死に方を考えるようになってきた。認知症になったり、寝たきりになって人に迷惑をかける前に、安楽死という選択肢があってほしいと思うようになった」

そして、スイスのNPO法人ディグニタスで、安楽死をしたい、というのです。

あまり考えずに、安楽死もいいね、と言う人は多いですが、こんなふうに直球で発言する人が現れたことには驚きました。橋田さんがこの宣言文を書くきっかけとなったのは、転倒して顔に大けがをしたことと、愛犬が認知症になって亡くなったことだったそうです。

この記事はたいへんな話題になり、四カ月後に同誌は特集を組んで、安楽死の是非について、六〇名の著名人にアンケートを行いました。

その結果は、三十三名が安楽死に賛成、尊厳死にのみ賛成という人が二〇名、どちらにも反対という人がたった四名、「選ばず」という答えが三名でした。

そのうちに、上野千鶴子さんと雑談する機会ができました。彼女は著名人の一人として、安楽死と尊厳死のどちらにも反対と答えた超少数派です。

その理由は「生まれる時は選べないのに、死ぬ時を選ぼうとするのは人間の傲慢」というものでした。在宅死を推進する彼女が、尊厳死に反対するのは矛盾ではないのか？ と言おうとしたらいつものように先手をとられ、「死ぬ時くらい、したいとおりにして、いくらでも人に迷惑かけて死んだらよろしいのや」と爽やかに笑い、突然「あんた、まさか安楽死に賛成なん？」と関西弁で尋ねてきました。

私が口ごもっていると「自己決定の西洋かぶれはこれやからなあ」とまた大きく笑いました。

ただ、私が口ごもった理由は複雑です。

たしかに「死ぬまで生ききる」ということは大切でしょう。お迎えがくるのを待たずにさっさとせっかちに逝ってしまうのは残念かもしれないと思います。しかし人にはさまざまな事情というものがあります。

私の夫の場合

二年前、私の夫は末期の肺がんと診断を受けましたが、がん治療はせず、イギリスの自宅で家族の介護を受けていました。私はやむを得ない事情のために日本に一時帰国していましたが、帰国してから一週間後に、突然「亡くなった」という電話がきたのです。そのときは仰天しました。

あとになって、その状況を詳しく聞くことができました。亡くなる二日前、夫は「医師と二人だけで話したい」と言ったそうです。医師との長い話のあと、家族が「彼は何と言ったのですか」と医師に尋ねると、「死にたい、と言っています」とだけ答えました。その晩医師が再度やってきて、注射をして帰ったそうです。真夜中、様子を見に行った時はよく眠っていましたが、翌朝行ってみると亡くなっていたといいます。

夫は終末期セデーション(死ぬまで眠らせる鎮静処置)を選んだのではないかと私は思っています。夫を看取ったイギリスの家族もそう考えています。

家族の気持ちよりも個人の決定が優先される西洋ですから、医師は家族には告げてくれるなという彼の希望に添ったのでしょう。夫は家族が反対するのを見越して、黙って逝ってしまったのではないかと思いました。

二年経った今ごろになってやっと、それが彼の選択なら、立派な死だったのだと思えるようになりました。元気な時から、下の始末をしてもらうのだけは勘弁と繰り返し言っていたし、実際粗相をしてしまったときはとても辛そうでした。大急ぎで始末する家族にも腹をたて、そんな自分にますます腹をたてるという悪循環に陥っていました。なにも食べないと心配になり、私が栄養剤などを飲むよう強制したのも辛かったにちがいないと思います。

断食往生へのあこがれ

文藝春秋のアンケートには、宗教学者の山折哲雄さんも答えています。

山折さんは「尊厳死のみに賛成」という二〇名のグループに組み入られていました。

ところが、偶然に山折さんにお会いする機会があり、この話をすると、笑って「いやあ、あれは誤解されたんですよ」とおっしゃいました。

アンケートに「断食往生死で行こうと考えているが、それが難しい状況であるため、尊厳死の選択しかなくなってくる」と書いたのを、編集者に誤解されて「尊厳死のみに賛成」に分類されてしまった、と。しかし山折さんが願っているのは、水と食物を自分の意志で断つことによる断食往生です。

とはいえ、いまのご時世でこれを敢行するのは非常に難しいようです。

なにしろ山折さんのいう断食往生とは、最初の一週間で五穀断ち、二週目は十穀断ち、三週目は木の実だけ、最後に水を断ち、二十八日かかってやっと成就するというものです。

推理小説家の木谷恭介さんは、断食往生を試み、失敗しています。そして、その体験を『死にたい老人』という本にまとめました[1]。

失敗したのにはいくつかの理由があるようですが、その中でも私が一番驚いたのは、家族や友人が断食行を始めたと知って、警察に通報しない場合「保護責任者遺棄致死」という犯罪になる恐れがあるということでした。判例が少ないのでどんな刑を下されるか予想がつかず「ぼくは誰にも秘密で、ひとりですべて実行しなければならない」と書いています。

現代日本の社会で、断食往生を実行するのは、文字通りの天涯孤独でなければ、ほぼ不可能かもしれません。

山折さんは、近著『ひとりの覚悟』のなかで、さらに過激な提言をしています。心臓が止まるとき、あるいは脳死の瞬間という「点としての死」を考えるのをやめて、死を長いプロセスと考える日本古来の考え方にもどろう、と。涅槃にあこがれ、宗教的自死を行うことを肯定しようと呼びかけています。

具体的には「九〇歳以上の安楽死を認めよ」ということです。

それは「人に迷惑をかけないために」といったような消極的な理由ではなく、「死ぬのにいちばんいい時だから」という、完全に自主的な理由です。

必ずしも餓死でなくても、誰かの介助を得てもいいから、まずは覚悟を決めよう。予想される混乱に対処するには、参議院を廃止し、代わりに老議院を創設して、そこでゆっくり議論すればいい。

「まずは走って、あとで考えよう」という果敢な八十七歳の山折さん、目が離せません。

終末期鎮静（セデーション）もあるよ

橋田さんの問題提起に対して、残念ながら、政界からの反応はなく、医療側からの反論がいくつかありました。ここでは、二人の医師のご意見を紹介したいと思います。


まずは、小笠原文雄医師の意見。

小笠原さんは、「安楽な死」と「安楽死」は違いますよ、という心優しい反論をしています。「安楽死」は日本では犯罪ですが、「安楽な死」なら日本で十分できます。きちんと法制化されてはいませんが、現場では、宅医や緩和ケアを行う医師たちによって進められています。

その方法の一つが、「死ぬまで眠っていられる」終末期鎮静（セデーション）です。

私の恩師は、九十六歳のとき、このセデーションで亡くなりました。学長を長年務められた偉い学者さんでしたが、ひょうひょうとした魅力ある先生で、卒業生や同僚が誘うと気軽に遊んでくださいました。

肺炎で入院したがなかなか治らず、痛みが増すばかりだったのを、家族が見かねて「痛みをなくしてください」と医師に頼んだそうです。すると医師は「これ以上薬を増やせば眠ったまま目を覚まさなくなるかもしれない」という返事。家族が先生に「どうする？」と尋ねたら、親指と人差し指でＯＫサインを出したので、注射をお願いし、その後、半日くらいで眠りながら亡くなったそうです。

そのことを家族の方から伺ったとき、そのＯＫサインが目に見えるような気がして、「先生らしい」と思いました。

橋田寿賀子さんは、この方法があることを知って、重篤になる前にその注射を打ってくれたら、どんなに感謝することか…とつぶやいています。

とはいえ、小笠原さんは、セデーションが医者にとって「抜かずの宝刀」であってほしいと言います。緩和ケアの達人になれば、セデーションをする必要はないはずだからです。『その鎮静、ほんとうに必要ですか』という本を書いた大岩孝司・鈴木喜代子両氏は、「鎮静の提案は終末期患者に対する圧力となる」と断言します。「耐え難い苦痛」の病態を明確にせず、強制的に意識を落として苦痛を消滅させるのでは、安楽死と変わりがないのではないか、ということです[2]。

ちなみに、緩和ケアの創始者であるシシリー・ソンダースは、キリスト教徒ですから、もちろん安楽死には反対、そしてセデーションという「死ぬまで意識を低下させる」やり方にも、猛反対でした。

緩和ケアをとことん追求すれば、極度の強い痛みは避けられると信じていたのです。実際、彼女は二十年間にわたって、自身が作った聖ヨゼフホスピスで緩和ケアを行いましたが、「極度の、あるいは大変な痛み」を訴えた患者は一人もいなかったということです。

シシリーは、セデーションを避けるべき理由として、患者の心理に触れています。死を目前にした患者は、何もかもわからなくなっているわけではなく、家族や医療チームに対して「申し訳ない」という負担を感じている。だから、セデーションを医療者から提案されたら、それを断りにくいと感じるケースが多いのだ、と。

尊厳死もあるよ

もう一人、長尾和宏医師は、外国で安楽死を行うことの困難について指摘しています。

長尾さんは五年前、実際にスイスのディグニタスを訪問し、そのうえで、外国人がディグニタスを利用するのは不可能に近い、と言っています。

まず、医師に死ぬ理由を英語できちんと説明しなければならないという問題。

さらにかの地で亡くなっても、遺体のままでは日本に帰してもらえないということ。どうしても帰してほしいというならば、灰になって戻ってくることになりますが、その場合でさえ、手続きが非常に大変だというのです。

また、現地で死ぬためには、家族か友人の付き添いが必要です。その人たちの渡航費や、その他もろもろの出費を考えると、最低百万円以上はかかります。

尊厳死協会の副会長である長尾さんの一番言いたいことは、そんなことをわざわざしなくても「尊厳死」があるではないか、ということでしょう。

尊厳死とは、胃瘻はもちろん、水分や栄養剤の点滴、人工呼吸器、心肺蘇生などの処置を取りやめて、自然に死ぬのを待つということです。

そうすれば、延命治療を施された人に比べて、苦しまずに逝くことができるといわれています。

尊厳死が安楽死と違うのは、医者に死ぬのを助けてもらうのではなく、延命処置をやめてもらう点です。人口呼吸器や胃瘻など、一度施した処置を外すと、非常に高い確率で死ぬことができます。

日本では尊厳死も法的に認められていませんが、現場では「本人の意思が確認できること」などの条件つきで、事実上認められてきているようです。

尊厳死は、高齢者のほとんどが望んでいると断言できます。内閣府の『高齢社会白書』（二〇一五年）では六十五歳以上の人の91％が「延命医療はいらない、自然にまかせたい」と言っています。「あらゆる医療をしてほしい」と答えているのは、たった４％です。

実は、私も尊厳死協会に入っているのですが、協会に入ったからといって、尊厳死が保証されるわけではないと知って、ため息をついています。

医師にも家族にも、死ぬ時はこう死にたいのだと、はっきりと知らせておかなければ、医師は本人よりも、家族の言うことを優先する可能性があるからです。

尊厳死をしたいと思ったら、リビング・ウィルか事前指定書（リビング・ウィルに加えて思考能力がなくなった時のために代理人を指定したもの）を書けと言われていますが、その普及率はとても低いのが現状です。

二〇一七年の調査では、リビング・ウィルという制度に賛成する人は66％もいますが、実際に書いた人は８％しかいません。

実は私も書こうと思って書類は取り寄せるのですが、そのたびに見送ってしまっています。

リビング・ウィルには、やめてほしい医療を具体的に列挙することが勧められています。胃瘻や人工呼吸器ぐらいならわかりますが、点滴や透析、脳圧低下薬などを自分でやめるかどうか、ひょっとしたら、死ぬ間際に「やっぱりしてほしい！」と思うかもしれないと考えて、二の足を踏んでしまうのです。

延命措置をやめても医師は免責されることを定める「尊厳死法案」は、二〇一二年、二〇一六年の二回にわたって国会に提出されましたが、二度とも流れました。欧米のほとんどの国では尊厳死法が制定されており、アジアでは台湾と韓国が認めています。日本だけがガラパゴス状態です。

このように法律ではうんと後進国の日本ですが、医療の現場では、着々と尊厳死ができるようになってきています。尊厳死に理解ある医師と、家族とのコミュニケーションがうまくいっていれば、法律に頼らなくとも、延命治療はやめることができるようになってきたのです。

自己決定の恐怖

日本でリビング・ウィルが普及しないのは、死について語ることがタブー視されているからだといわれています。

しかし、私はそれだけでなく、死という運命を今の自分が決めることへの躊躇があるからではないかと思います。「そのときになってみないとわからない」という感情です。

ところで、ギリシア神話のなかに、自己決定のジレンマを味わった英雄が描かれています。

『オデュッセイア』の主人公オデュッセウスです。

オデュッセウスはトロイア戦争に勝ち、凱旋帰国の途上で、セイレーンの島にさしかかりました。セイレーンとは美しい女の顔をしながら、体は鳥の姿をしている怪物で、とても美しい声で水夫たちを誘惑します。水夫たちは美しい声に魅せられて、セイレーンの姿を見ようと海に飛び込んで島まで泳ぐのですが、そこでセイレーンたちに喰われてしまいます。島は喰われた水夫たちの骨の山だったのです。

オデュッセウスは、死にたくはないけれど、セイレーンの声は聞きたいと思いました。

そこで、まず船をこぐ部下たちには固く蝋(ろう)で耳栓をさせ、それから自分をマストに縛り付けさせ、自分が暴れたらもっときつく縄を縛りなおしてくれと命令します。

さて、船が進むにつれ、セイレーンの声が聞こえてきました。案の定オデュッセウスは、その美しさにすっかり心を奪われ、セイレーンの島に行こうとします。マストに固く縛られた体をゆすり、ほどいてくれと叫びますが、耳栓をした水夫には通じません。暴れれば暴れるほど、水夫たちは言いつけどおりに、ますますきつく体を縛ります。こうしてセイレーンの島に行きそこねた英雄は、とても悔しがったという話です。

私は若いときには、生きたままセイレーンの歌を聞けてラッキーじゃないかと思いましたが、安楽死などの話題が身に染みる年頃になると、自分が決めたこととはいえ、全身を縛られて身動きできず、自分の意志を伝えられない恐怖が身に沁みます。

自分の命の終わりは自分で決めるとは言っても、いよいよ死が迫ってきたとき、気が変わって「生きたい」と思うかもしれません。しかし、そう思ったときには、もうそれを伝えるすべがない可能性もあります。

また、逆に延命処置を選んだものの、そのうちに、苦しい思いをしてまで生きるのはやめたいと思うかもしれません。そういうとき、自分の思いを伝えられないというシーンを想像して、ゾーッとしたことはありませんか。

自己決定は早すぎもせず、遅すぎもしない、適当な時期に専門家や家族の意見を聞いて決めるのが理想だと思います。

そのためにどうしたらいいいか？

日々死を覚悟し、考えるほかありません。

ヒポクラテス vs ソクラテス

橋田寿賀子さんの発言によって、安楽死の是非に関する論争が一時盛り上がりましたが、じつはこの論争は、今に始まったことではありません。

ここで、西洋における安楽死論争の歴史をご紹介しましょう。

安楽死というと、最近生まれた新しい概念だと思われがちですが、実際のところ、安楽死ははるか昔から行われていました。学説のなかには、安楽死は人類の始まりとともにあった、という説まであるのです。

古代ギリシアでも、安楽死はあたりまえのように行われていました。

ギリシア世界では古くから「医者（イエトロイ）」と呼ばれる職業が確立しており、そのなかには安楽死を施す医者も多かったとされています。治療法がわからず、耐え難い痛みが続く場合は、トリカブトの毒を用いて患者を死に至らしめていたのです。

ところが前五世紀、その状況に反対する医者が現れました。ヒポクラテスです。

当時ギリシアでは、病気は神によって引き起こされるものだと考えられていたため、医者は迷信や呪術に頼る傾向がありました。

そんな中ヒポクラテスは、病気は食事や生活習慣などといった環境的な要因によって引き起こされると考え、即物的に症状を観察し、経験を重ねて治療法を探しだそうとしたのです。これが、彼が経験科学の祖とされるゆえんです。

ヒポクラテスは、安楽死にもきっぱりノーを突きつけました。「ヒポクラテスの誓い」の第四条にはこう書かれています。

頼まれても死に導くような薬を与えない。そういった忠告を与えることもしない。同様に婦人を流産に導く道具を与えない。

彼は、医師の役割は病人から苦痛を取り除くことに限られるべきであり、出産と死に関しては、その人のピュシス（自然本来）に任せるべきだ、と考えました。

したがって、患者の自殺をほう助したり、死を早める薬を調合してはならない。たとえ患者が死を望むと言ったとしても、それは患者が終末期にあって、合理的な判断ができないからだ、というのです。

今から見ると「パターナリズム」（強い立場にある者が、弱い立場にある者のために、本人の意志を問わずに介入すること）と反感を買うでしょうが、ヒポクラテスは「患者の利益は医師が決める」と信じていました。いったん治療を引き受けたからには、病気の治癒を第一に考えるべきであって、「患者を死に至らしめるのは医療ではない」と断言していたのです。

一方、これと対照的な考え方を持っていたのが、ソクラテスでした。

ソクラテスはヒポクラテスと同じ時代に生きた人で、彼よりも一〇歳年上です。お互いアテナイで活躍していますから、二人が出会ったこともあるかもしれません。

ソクラテスは魂の存在を信じていました。

ですから、死とは肉体から魂が解放されることであって、悲しいことではないばかりか、とてもめでたいことだと主張します。

魂こそが本当の自分であって、肉体はひとつの檻（おり）にすぎない。檻に閉じ込められているあいだは、いろいろな雑音に紛れて魂の声はなかなか聞こえません。哲学とは、魂に耳を澄ますことであり、純粋な魂の状態、つまり、死を学ぶことだと言います。

ソクラテスは話術にすぐれ、聞く人を引き付けてやみませんでした。

しかし、その影響力が強まるにつれ、彼を妬む人も増えていきます。やがて「若者をたぶらかした」という嫌疑で、裁判にかけられてしまいました。ソクラテス七〇歳のころです。

彼は法廷で反省したり謝ったりする態度を取らなかったため、裁判員の反感を買って、評決はなんと死刑になりました。与えられた毒を自ら飲んで死ぬという刑です。

弟子たちは亡命を勧め、同情した牢番もいつでも逃れられるように牢獄のカギをそっと開けておきました。

しかしソクラテスは「国が決めたことに従うのが正義だと思うから、私は逃げない」と言い、それを聞いて悲しむ弟子たちに向かって、さらに言いました。

「弟子たちよ、なぜ死ぬのをそれほど悲しむのか？　私はやっと肉体から解放されてイデアの世界に帰ろうとしているのだから、こんなにうれしいことはないのだよ」

そして毒ニンジンをあおって、ゆっくりと死んでゆきました。

最期の言葉は「アスクレピオスにお供えをするのを忘れたから、どうか代わりにしておくれ」

アスクレピオスとは医療の神で、ヒポクラテスはその子孫とされています。この様子は『パイドン』のなかに、ライブ中継のように詳しく描かれています。

ところで最近、スイスのディグニタスで、悲しむ家族に囲まれて、薬をあおる七十九歳の男性の様子をとった写真を見ましたが、ソクラテスの死の様子を描いた十八世紀の画家ダヴィッドの絵となんだか似ているような気がしました。

ダヴィッド「ソクラテスの死」・ニューヨークメトロポリタン美術館蔵

悲しむ家族に囲まれて、薬をあおるの男性（スイス・ディグニタス）

キリスト教による安楽死反対の歴史

時代が進んで、二世紀以降になると、安楽死は完全に否定されるようになります。「命は神からいただいたものだから、それを人間が勝手に断つのは罪」というキリスト教の考え方が圧倒的な影響力を持ち始めたからです。中世には、安楽死は犯罪のひとつに数えられました。

キリスト教神学を確立したトマス・アクィナスも「安楽死は、生きたいという人間の本能に反する」と言っています。

当然、ほとんどの医師もそれに賛成していましたが、しかし死を早める処置は、一部の医師によってこっそり実践され続けたようです。たとえば「枕を急にはずす」、「冷たい床に体を置く」、「窒息させる」などの処置が紹介されています。

やがて、個人の自由がクローズアップされるルネサンス時代になると、安楽死にも少し風が入ります。

トマス・モアは、一五一六年、キリスト教が支配的ではない「どこにもない国　ユートピア」を空想しましたが、そこでは安楽死もありだよ、と皮肉交じりにいいました。

それから約百年後の一六〇五年には、帰納法の父と言われるベーコンが、死についての先入観を捨てて、客観的に死を眺めると、そう怖いものではなくなる、つまり帰納法によって死もコントロールできるはず、と主張しました。

そして医学的にもう死ぬしかない局面を見極めたときは、医者は苦しむ患者に対して、人間らしく死んでゆかせるための慈悲深い介入をすることができると考え、その行為を、古代ギリシア語をつかって「エウタナシア（よき死）」と呼びました。これが近代的安楽死の始まりです。

しかし、それでも「生命神与説」には絶大な権威がありました。

そのあとに続く啓蒙時代の思想家たち（ヴォルテール、ルソー、ヒュームなど）も安楽死を擁護しましたが、生命神与説の前で、とても遠慮がちのものでした。

一八七二年にはイギリスで、患者の強い意志がある場合は、クロロフォルムを使って死を早めるべきではないかという、ある学校教師の提案から、激しい議論が巻き起こりました。

しかし、やはり「命は神によって与えられている」というオールマイティの反論が圧倒的でした。

そのような背景のなかで、一九三五年、イギリスで、安楽死の合法化を求める協会が初めて生まれました。今でも「DIGNITY IN DYING（死ぬ尊厳）」という名で、イギリスでの合法化を求めて活動しています。

生きる価値のない人には「慈悲死」を

イギリスでこの協会が生まれたころ、ドイツでは恐ろしいことが起こっていました。ヒットラー政権下、科学という美名のもとで、医師が率先して、障害者を安楽死させるプロジェクトが始まったのです。

当時は、優生学が隆盛をきわめていました。これは、遺伝学的に優秀な人間だけを残すことによって、より良い社会を創ることを目的とするという、応用生物科学です。悪い遺伝子をもった人間は「生きているだけで金がかかり、生きるに値しない命」であり、それを生かしたままにしておくことは社会の無駄だから、断種をほどこしたり、安楽死をさせるべきだと主張したのです。

また、これまで安楽死が哲学者たちによって個人の権利として論じられてきたことを批判。生死は個人によって決められるべきではなく、社会の繁栄という目的のために、医師によって決められるべきだ、と考えました。

その実施の始まりは、重度の身体障害に加えて、精神障害も持つ少年を、父親に乞われるままに「慈悲死」させたことでした。

それをきっかけに、対象は、治療が困難な病人、障がい者、労働能力のない人、てんかん患者、夜尿症の人などに広がりました。

しかし、ミンスターの司祭ガーレンがこの安楽死政策を公然と批判したことで、やがてローマ教皇庁までもが反対声明をだす事態となったため、ヒットラーは安楽死政策の中止を命じます。

ただ、これは表向きだけでした。実際のところ、安楽死はさらにエスカレートしました。病気や障害をもつ「劣等分子」に加えて、「反社会的分子」つまり脱走や反抗を繰り返す者、労働を嫌う人、同性愛者、ジプシーなども殺すようになったのです。

この作戦で安楽死させられた人は二〇万人以上と言われています。この安楽死のノウハウが、そのまま六〇〇万人のユダヤ人虐殺に応用されました。

戦後になっても、安楽死に医師が積極的に参加していたという事実を、ドイツの医師は認めてきませんでした。

大規模な安楽死は、ナチという異常な政党が考え出し、命令したものとされていたからです。

しかし事実は、善意に満ちた医師たちが、積極的に安楽死を行っていたのでした。

やっと二〇一〇年になって、ドイツ精神医学会が正式にそれを認め謝罪しました。安楽死という美名のもとに、残酷な殺戮が行なわれたという事実が、つい半世紀前にあったのです。隣の国ベルギーやスイスでは認められている安楽死が、ドイツは認められていないのは、この思い出がいまだにトラウマとして残っているからなのです。

こうして見てゆくと、西洋における安楽死の議論には、長くて深い歴史があったことがわかるでしょう。

しかし「だから日本は遅れている」と言いたいわけではありません。日本には、まったく違った歴史があります。即身仏や、武士の切腹、心中、文学者の自殺など、西洋とは違う自死の歴史があるのです。

そして、自死を選んだ人を尊敬する伝統は、私たちの中に根強く残っています。モーリス・パンゲさんというフランス人は、キリスト教とはあまりにちがうこの文化に驚いて『自死の日本史』を書き「宗教に頼らずに自分の意志で死を選ぶことを一つの文化にした国は、世界広しといえども日本だけである」と言っています[3]。

「潔く死ぬ」ことはいまだに日本人のあこがれです。

日本の伝統は、むしろ安楽死と親和的だったのではないでしょうか。

ブラック・ジャックのジレンマ

医療の使命が「患者を治す」ことなのはもちろんですが、いくら科学が発達しても「人間は必ず死ぬ」という真実を変えることはできません。この矛盾を前にして、医療は治癒を優先するのか、患者の幸福を優先するのかを選ばなくてはなりません。

日本にはこうしたジレンマを正面から取り扱った名作があります。大阪大学医学専門部出身の漫画家、手塚治虫が描いた『ブラック・ジャック』です[4]。『ブラック・ジャック』は、一九七三年から八三年にかけて『週刊少年チャンピオン』に連載されました。

ブラック・ジャック
ⓒ Tezuka Productions

ブラック・ジャックは医師免許を持たないモグリの医者です。しかし臓器移植はもちろん、奇形腫瘍から人工人間（ピノコ）を作ることさえできるスーパー医師です。しかし、法外な報酬を要求するので、とても悪い評判がたっているという設定です。

手塚は現代医学の問題点を、極端に誇張しています。福音をもたらすはずの医療は、大きな矛盾をはらんでいます。医療研究のためには桁外れの資金がいるということ、権威という裏付けが必要なこと、そしてそれが人間の幸福には必ずしも結びつかないこと。ブラック・ジャックは、医療のプラス面とマイナス面の両面を併せ持つ矛盾した人物像なのです。

手塚治虫の手記によると、ブラック・ジャックの人物設定は、初めから決まっていたわけでなく、連載が続くにつれてだんだん出来上がっていったそうです。医療の光と闇を象徴するかのような黒髪と白髪のメッシュも、最初は髪のツヤを表現したつもりだったと告白しています。

ブラック・ジャックとドクター・キリコ

この漫画には、安楽死専門の医師も登場します。

それが、ドクター・キリコです。

白髪が顔の半分を覆っているところはブラック・ジャックと似ていますが、ニヒルな細い目と薄い唇は対照的です。

どんなに治癒の可能性が低くても、命を救うために全力を尽くすのがブラック・ジャッ

ドクター・キリコ

クですが、キリコはそれをあざ笑って、「生きものは死ぬ時には自然に死ぬもんだ。それを人間だけがむりに生きさせようとする。どっちが正しいかね」とうそぶきます。

治る見込みがないまま患者が苦しんでいるときは、死なせてあげるのが正しいと信じているのです。

いかに患者が気持ちよく死ねるか、またいかに法律に触れないようにするかの研究は天才的で、たとえば超音波を延髄に流して、呼吸中枢をマヒさせるなど、死のメニューを数多く用意しています。

ですからブラック・ジャック同様、法外な値段を吹きかけますが、それでも世界中のニーズに応えて、各地を飛び回っています。

キリコは、戦争中は軍医だったと告白しています。薬もなく手当のしようもない戦場で、重傷の兵士に「殺してくれ」と何度も懇願され、毒薬を注射してやると「先生、ありがとう」と感謝されたという原体験があります。

ブラック・ジャックとは犬猿の仲ですが、時には一緒に働くこともあります。

ある話では、ナチスが開発した致死薬の改良版を持ち歩いていたキリコから、母親思いの少年が、それを特効薬と勘違いして盗み出し、病気の母親に飲ませてしまいます。

この母親を救うべく、偶然居合わせたブラック・ジャックとキリコが協力して困難を極める手術を敢行。間一髪で命を救うというエピソードがあります。

深夜、長い手術が終わり、外気を吸いに散歩にでたブラック・ジャックは、一緒にいたキリコに声をかけます。

「どうだい大将、殺すのと助けるのと、気分はどっちがいい？」

「ふざけるな、おれも医者のはしくれだ。いのちが助かるにこしたことはないさ」

ブラック・ジャックは畳みかけて、手術代を払えとキリコに要求。つかの間の和解もフイになるというオチになっています。

別の話では、キリコ自身が致死性の伝染病に感染、無人島に隠れて自ら安楽死し、そのあと建物を燃やして灰にすることによって、この病気の感染源を断とうと計画します。

キリコの妹に頼まれたブラック・ジャックは、強引にキリコを手術し、見事に完治させます。

しかしキリコはお礼を言うどころか「ふん、せっかく安楽死をためすところだったのに」、「これからもたのまれりゃあどんどん殺してやる！」とふてくされます。

エンディング・シーンは真夜中の無人島。ブラック・ジャックはキリコの妹と一緒に、満点の星空を眺めます。

流れ星がいくつも消えて行く夜空を眺めながら、ブラック・ジャックは告白します。

「十…二十…と毎日消えていくように見えても、星の数はいっこうにへらない。病気ってやつはこの星空みたいなもんだねえ」

医療が勝利することは決してないという嘆きと、キリコへのそこはかとない友情が感じられるようになっています。


二人のあいだには隠れた補足関係があります。ブラック・ジャックが黒いポジだとすると、ドクター・キリコはフラッシュする白いネガのような関係です。白は黒を引き立たせるために必要な存在ですが、ごくごく少量でなければなりません。

ブラック・ジャックが知力と体力を尽くして命を救っても、最終的に人間が死ぬことは避けられません。ドクター・キリコ（安楽死）は目立ってはいけない必要悪、つまりひそかに認められるべき存在として描かれているような気がします。

ただ、ドクター・キリコの顧客には、西洋によくある「個人の死ぬ権利」を主張するような人物はあまり登場しません。

キリコを呼ぶのは、長く苦しい死の過程を早く終わらせたいという患者と、植物状態の患者をなんとかしてほしい医師です。命を前にして、患者の主体性はあまり強調されていないのです。

死期を自分で選ぼうとするのは浅薄な考え方で、生死は個人の意思を超えたところにあると、ブラック・ジャックはことあるごとに言っています。

医療に大きな期待をよせながらも、その結果は自然にゆだねるという手塚の死生観は、多くの日本人の共感を得ました。

だからこそ、『ブラック・ジャック』は四十年以上経っても愛され続けているのだと思います。

安楽死に傾斜していく西洋諸国

とはいえ、『ブラック・ジャック』が描かれてから長い年月が経ち、安楽死に対する考え方はかなり変わってきました。

近年のマスコミの調査によると、日本国民の大半は安楽死に賛成しています。

二〇一〇年十一月四日の朝日新聞のアンケートでは、安楽死を法律で定めることに賛成

74%、反対18%、その他8%でした。

このように世論は圧倒的に安楽死に賛成ですが、日本で安楽死が法制化する可能性はほとんどありません。

なぜでしょうか。まず日本医師会がゼッタイ反対です。「患者の命をできるかぎり延ばすことを最優先とする」というヒポクラテス以来の考え方を、不変の倫理として守りつづけているのです。

仏教界もまた、尊厳死や安楽死には完全な沈黙を守っています。明治時代までは、即身仏の志願者が絶えなかったという事実があるにもかかわらず、動く気配もありません。

日本がこのように「見て見ぬふり」を続けているうちに、西欧では安楽死が、みるみるうちに肯定され、称賛されるようになってきました。

安楽死を最初に認めた国はスイスで一九四二年のこと。それから半世紀ほどたって矢継ぎ早に、オランダ（二〇〇一年）、ベルギー（二〇〇二年）、そしてルクセンブルク（二〇〇八年）が認めています。アメリカではオレゴン州が一九九四年に認め、一〇年代になるとワシントン州、モンタナ州、バーモント州、ニューメキシコ州と続々認められました。一五年にはカリフォルニア州で、一六年にはカナダで、一七年にはオーストラリアのビクトリア州で。

西洋で加速度的に進む安楽死への傾斜は、「死ぬ権利」が人間の基本的人権の一つであるという考え方に裏打ちされています。

ただ、死生観はそれぞれの文化によって違うので、安楽死制度も微妙に違うものになっています。これから、世界の安楽死制度について、国別に見てゆきたいと思います。

アメリカの場合…薬は自分の意志でのむ

二〇一四年十一月、二十九歳のブリタニー・メイナードさんが安楽死を遂げました。彼女の死はアメリカ国内だけでなく、日本を含めた世界中で話題になりました。

安楽死を希望した理由や決行の日程までをブログで発信していたこと、ブリタニーさんが若く美しい女性であったことが理由と思われます。

脳腫瘍で余命六カ月以内という告知をうけ、安楽死を望んだ彼女は、カリフォルニア州からオレゴン州に転居しました。オレゴン州は、当時米国で尊厳死が合法化されている五つの州のうちの一つだったからです。

頭蓋骨が割れるような頭痛はモルヒネでも抑えられず、絶え間なく襲いかかるてんかん発作、それに伴う人格の変化、そして会話もままならず、最愛の夫の顔を見ていながら夫の名前を思い出せなくなる、体も動かせなくなるといった堪えがたい状況だったようです。

ブリタニーさんは、そんな現実を経験したことのない人が、自分の決断を批判するのは不当だと訴えました。

アメリカで安楽死は「医師による自殺幇助」という形をとります。医師が調整した薬を、自分で飲む。日時も自分で決めます。

自殺する日を自分で決めるのかという非難に対して、ブリタニーさんは、自分は自殺するのではなく、「生きる日」を自分で決めているのだと反論しています。人生はその長さではなく、いかに「充実」しているかが大切であり、その質を保てなくなった時点で、自分の意志で生きるのをやめるのだと。


安楽死当日、ブリタニーさんは、医師からもらった一〇〇錠の毒薬のカプセルを一つ一つ開け、コップに入れて飲んでいきました。夫のダン・ディアスさんは、妻が亡くなるまでの一部始終を見守っていました。

その後、ダンさんは各地で「安楽死法」を成立させるべく、その重要性を訴え、精力的に活動を続けてきました。五年の活動を経て、二人が住んでいたカリフォルニア州はもちろん、コロラド州、コロンビア特別区（ワシントンD．C．）、ハワイ州、ニュージャージー州、メイン州と次々に安楽死が認められていきました。

その結果、現在ではアメリカ人の21％（約七〇〇〇万人）が安楽死の選択権がある自治体に居住している状況になりました。

「〇〇さんはどうして亡くなったのですか」「ああ、安楽死ですよ」という会話が普通に交わされる社会になることをダンさんは望んでいるのだそうです。

カナダの場合…安楽死施術者に配慮

カナダでは二〇一六年から、安楽死が合法になりましたが、その仕組みはアメリカとちょっと違います。

ブリタニーさんのように、自ら薬を飲むのではなく、医師や看護師がその役目を果たすと決められているのです（カナダでは看護師も施術が認められています）。

また、自殺ツアーを防ぐために、カナダでは、安楽死ができるのは「居住者に限定される」こと、終末期疾患以外の適用はしないことなどが決められました。

それにもう一つ注目すべきなのは、安楽死を施すことを望まない医師は、施術を拒否できるということが明記されていることです。しかしその代わり、施術を拒否した医師は、自殺幇助をしてくれる医師を紹介しなければなりません。

ジョン・シールズさん

安楽死に関しては、この仕事を「苦しむ人を助ける大きな意義がある」と信ずる医師と、ヒポクラテスにあくまで忠実でありたいとする医師にはっきり分かれています。したがって、医師の選択の自由を保障することも大切なのです。

二〇一六年からの一年間で、実際に安楽死を遂げたカナダ人は約二〇〇〇人だったそうです。その中でもっとも話題になったのが、ジョン・シールズさんです。

シールズさんはアイルランド系で、もともとカトリックの司祭でした。筋金入りの社会奉仕活動家として、カナダでは有名な人物です。

彼はアミロイドーシスという難病にかかりました。全身の痛みと手足のしびれでやがて寝たきりになると知ったとき、安楽死を決意したのです。

この決意のおかげで「私は病気から解放され、新たな力が湧いた」。それを皆と分かち合うために「よく生きて、よく死ぬ」と題したワークショップを企画し、こもりがちになる患者に勇気を与えました。

症状が急に悪化してホスピスに入ったシールズさんは、決行の日取りを二週間後と決めました。医師が長い休暇に入るので、その日しかなかったのです。

ホスピスで見知らぬ人たちの親切に感動した彼は、死の前日に「ウエイク」をしたいと家族に告げます。「大好物のチキンも食べたいしね」。ウエイクとは、アイルランド特有の葬式で、御馳走あり、酒あり、歌あり、ダンスあり、はては喧嘩までありの賑やかでちょっと行儀の悪い儀式です。

ホスピスのサンルームは、シールズさんを愛する人たちによって、花やカードで飾り付けられ、ブランケットはテーブルクロスとなりました。ワインやビール、ウイスキーが出され、シールズさんの大好きなロースト・チキンとケーキも並べられました。

パーティには彼を慕う二〇数名が集まりました。シールズさんは差し出されたロースト・チキンを見て「たった一つだけ？」と得意のジョークを飛ばしたそうです。人々は歌い、シールズさんもビールを口にしました。

翌朝医師がやってきて決心に変化はないかとたずね、同意書にサインを求めました。もしそのとき意識が混濁して同意が確認できなければ、安楽死はできないことになっています。

シールズさんは、はっきりと「はい」と答え、同意書にサインしたということです。医師が点滴を始めてから十三分でシールズさんは亡くなりました。

オーストラリアの場合…最もセーフガードの強い国

カナダについで、二〇一七年にオーストラリアのビクトリア州で安楽死が認められました。実施は一九年六月からです。

その法案は「自発的幇助自死法」と呼ばれ、「これまで世界のどこで提案されたものよりも一番セーフガードの効いた法案」だといわれています。

安楽死の条件として、余命が六カ月以内であること、ビクトリア州に一年以上居住していること、安楽死を行う医師は、健康福祉局によるトレーニングを受けなければならない等々。

薬物の管理も厳密です。薬品を手に入れるためには許可が必要で、未使用の場合は速やかに返却しなければなりません（医師は失敗に供えて予備の薬の用意することがあります）。

また、薬品は自己投与が原則ですが、カナダの場合のように医師の投与も認められています。ただ、その場合は追加の許可書と立会人が必要です。

あまりにややこしくて、それだけで「やめよう」と諦める人がでるのではないかと思うほどです。こうした規制によって、「滑りやすい坂道」を転げることを防げると、ビクトリア州の政治家たちは考えました。

この政治家たちはこの法案と並行して、州全体の緩和ケアを改善するために、向こう五年間で六二〇〇万豪ドルを支出すると公約しました。クオリティ・オブ・デス（死ぬときの質）をバランスよく改善しようとする感覚は素晴らしいと私は思います。


しかし、死を望みながらこの法案で死ねる人は限られています。

一〇四歳になるデビット・グッドールさんは著名な環境学者で、どんな病気もなく元気でしたが、一〇二歳のときに勤め先の大学に退職を勧告されました。それまで通っていた研究室に「通勤が危ないから来ないように」と言われたのです。

ところが、この国には定年がないこともあって、大学の態度は不当とされ、メディアの批判にさらされました。結局、大学は勧告を撤回し、通勤に便利な別のキャンパスを提供しました。

この話からも分かるとおり、グッドールさんは人生一〇〇年時代の旗手だったのです。

スイスに到着して記者会見をするグッドールさん

しかし、ある日自宅で骨折し、それからは研究生活ができなくなりました。

それ以降、グッドールさんは「自分は幸福ではない」、「研究ができない生活は生きている意味がない」と考え、スイスのバーゼルにある自殺幇助機関ライフサイクルで、安楽死することを決めました。

彼の選択を支持する運動は大きく広まりました。スイスへの渡航費、医師への支払いその他のケアにかかる費用として一五〇〇〇豪ドル(約一二〇万円)の寄付をインターネットで募ったところ、ただちに一九〇〇〇豪ドル近くが集まったそうです。

出発の日には、CNNやBBCを含むたくさんのメディアが空港に集まり、彼の出発の様子が中継されました。

スイスに着いてからも、マスコミの注目度は高く、グッドールさんは記者会見を開き、「生きることと死ぬこと」を自分で決定する権利の大切さを訴えました。

「私のように年老いた者には、自殺の幇助を受ける権利も含めた完全なる市民権が付与されるべきだ」

「私のように年取った人間が死ぬ権利を認める、品位ある死を迎えられるスイスの制度に感謝する」

彼はこうして二〇一八年五月一〇日にスイスで亡くなりました。遺骨はスイスに散骨されました。

オーストラリア本国ではどんな反応だったのでしょうか?

「本当はオーストラリアで死にたかった」と言ったグッドールさん。その言葉に対して、国内の反応は二つに分かれています。グッドールさんがスイスで死ななければならないのは「まさに非道な行為だ」と、あまりにきついセーフガードを非難する声もあれば、オーストラリア医師会会長のように「高齢であることだけを理由に命を絶つことは、危険な前例になる。よりよい緩和ケアを目指すべきだ」といった反論もあります。

オランダの場合…安楽死先進国

オランダが安楽死を認めたのは二〇〇二年のこと。ですから、もう十七年の歴史があることになります。

いまやオランダでは、自分の意志で死んでゆくのが普通のことになりました。住民のうち、安楽死した知り合いがいない人のほうが少数派だそうです。アメリカのダンさんが望んでいる状況が、オランダでは現実のものになっているのです。

二〇一七年度の安楽死者の数は、前年度8%アップで六五八五人でした。

とはいえ、この国でもやはり、意見は分かれています。

この国がこれまで見てきた三国と違うところは、安楽死の対象が、余命六カ月以内の人にかぎられないこと、また直前に本人の意志が確認できなくても、以前にはっきり安楽死の希望を表明していればよいということです。

ですから「耐え難い苦痛」を感じていると医師が認めさえすれば、認知症の人も精神病の人も安楽死を遂げることができるのです。

グッドールさんがもしオランダ人なら、安楽死できたでしょう。生活の質が著しく劣化して、それが耐え難い苦痛だと認められればよいのです。

事実、ある九十三歳のオランダ人男性は「これ以上転びたくない、車椅子はいやだ、病院にもゆきたくない」と主張し安楽死を遂げています。

もう一つ問題となるのは、一度安楽死を希望すると表明したら、死ぬ直前の確認は必ずしも必要ではないということです。

オランダでは日本と違って、ほとんどの人がリビング・ウィルを残しています。「自分の精神状態が悪化し、家族も認識できなくなったら安楽死させてほしい。たとえそのとき安楽死の要請を撤回するようなことを口にしても事前の指示どおり安楽死を実行してほしい」と書く人は多いといいます。

ある女性は「適切な時期がきたら安楽死させてほしい」とリビング・ウィルを書いてから認知症状がぐんと進みました。彼女が七十四歳になったとき、医師は「適切な時期」がきたと判断しました。ところがこの患者は手を引っ込めるなどの抵抗を示したので、医師は抗う患者に鎮静薬を打ち、家族が患者の体を押さえつけているあいだに、致死薬を打ちました。

オランダでは、安楽死を行った医師は、地域の検死官に届け出ることが法律で義務づけられています。これらの報告書をすべて審査するのが「安楽死審査委員会」です。

委員会はこの報告を受けて、さすがに問題ありとして追訴しました。患者にたいする「注意深さの要件を見たしていない」という理由です。

これはオランダで安楽死始まって以来のことで、二〇一七年まで右肩あがりだった安楽死数は、二〇一八年は六一二六件へと減少しました。特に、認知症や精神疾患、複合老人性疾患の患者での安楽死の数は大きく減少したそうです。

追訴された医師は退職しました。家族は医師を擁護していますが、委員会側は「能力が失われながらも、生きたいという望みを示した患者への安楽死について、医師はどのように対処すべきなのか、重要な問いを提起した」として、裁判所に対して求刑なしの有罪宣告のみを求めていました。

二〇一九年九月、判決が出ました。

意外や意外、無罪。これはどういうことでしょうか。

安楽死を施すにあたっては、医師が本人の「死にたい」という意思を確認することが、最も重要になります。では、認知症など、意思確認が困難な患者の場合はどうするか。

判決は、明確な答を出しています。

「判断能力がまだある時期に事前指示書さえあれば、認知症中・後期においても、医師が意思の確認をする義務はなく、安楽死は可能である」

判断能力があるうちの意思表示がオールマイティになってきたようです。

オデュッセウスの恐怖が、リアルに感じられます。

死にいたるほどの病気でなくても、認知症と診断された患者が、安楽死を望み、それが認められるケースはかなりあります。「回復の見込みがなく、肉体的・精神的な耐えられない痛み」があると判断されればよいのです。

「精神の痛みをどのように判断するのか」という疑問は、当然あるところでしょうが、現在では医師の個人的な判断に任されているようです。

こうなると、少し行き過ぎなのではないかと気にかかります。

ところで、オランダはどうして、このような「安楽死先進国」になることができたのでしょうか。

ある説によれば、この国特有の医療制度が理由だということです。

オランダでは病気と思ったら、どんな病気でも、まずかかりつけ医師（GP）のところに行きます。ちょっとした切り傷や風邪、うつ、なんでも、とにかく患者はまずこの医師のお世話になります。婦人科も小児科も精神科もありません。専門的な医療が必要な場合は、かかりつけ医が専門医を紹介します。

そういうわけで、かかりつけ医とは生涯を通じた長い付き合いになることが多いのです。実際、安楽死施術の約80%は、このGPによって行われています。

長い付き合いの患者がひどく苦しんで、その結果、安楽死を望んだ場合、断りにくいということはあるかもしれません。

「私がいつまで生きるか、判断していいのはあなたでなくて私だ」、「医者に私の死ぬ時期を決める権利はないはずだ」と迫られたら、やっぱりつらいでしょうね。もちろん拒否することは出来ますが、拒否する医師は８％程度だということです。

オランダは筋金入りのリバタリアニズム（自由に最大の価値を置く個人主義）が根付いている国です。この思想が、安楽死だけではなく、薬物や売春やポルノに対しても、最大限に寛容な態度をとらせているのです。

リバタリアニズムによれば、個人の自己決定が一番大切で、家族も社会もそれを尊重しなければなりません。その人自身の決定は、たとえ親子でも、夫婦でも変えることができない。そういう考え方が浸透しているのです。

それを推進したのはベビーブーマー世代ですが、若い世代もそれを引きついで「死ぬ時期を自分が決めるのはあたりまえ」という風潮になっているそうです。

しかし、それが行き過ぎているのでしょうか、恐ろしい話を聞きました。

二〇一六年にオランダの二人の大臣が、七〇歳以上の国民全員に、「人生完結」用の致死薬を受け取れる権利を保障すべきだという提案をしたそうです。もしこれが認められれば、医師は安楽死に関与する必要はなくなり、この問題はいっきに解決します。

この提案は直ちに廃案になったそうですが、しかしこの「人生完結法案」が、再び会議の議題に上るのは、時間の問題だといわれています。

ベルギーの場合…安楽死とは究極の緩和治療

ベルギーの文化的背景は、オランダとは違いますが、安楽死に関していえば、ベルギーは、オランダよりもっと踏み込んでいます。

まず驚くのが、未成年にも適応を積極的に認めている点です。

ベルギーでは二〇一四年、不治の病気にかかっている場合に限って、安楽死の年齢制限を撤廃しました。何歳の子供でも、意識があり合理的な意志決定ができれば、安楽死が認められるようになったのです。

二〇一六年に初めてこの法律が執行されたようですが、これまでにどのくらいの子供が安楽死をとげたのかは把握されていません。ある報告によると、二年間のあいだに、十七歳、十一歳、九歳の子供の安楽死があったとか。名前も病名も、いっさい非公開です。

もう一つの驚きは、精神的苦痛にも死ぬ理由を与えている点です。法律で「肉体的または精神的苦痛に苦しんでいる（場合）」とはっきり明記されているのです。オランダでも禁止されてはいませんが、まだ医師の間に倫理的な躊躇があるようです。

そのため、驚くような事例がたくさん報告されています。

性転換手術に失敗した四十四歳の人が安楽死。聴覚障害で生まれた双子が、病で視力も失うことが分かってから「お互いの顔も見られなくなることは耐えられない」と安楽死。また、躁鬱病で長い間苦しんできた四十九歳の男性も安楽死。精神病を病む死刑囚にも安楽死が施されました。

この流れの根本にあるのは「尊厳をもって死ぬ権利は、精神病患者にも、子供にも、囚人にもある」という考え方です。

ただ、だからと言って、ベルギーで安楽死が簡単にできるわけではありません。まず十分な判断力のあるうちに、所定文書に記入し、親族とそれ以外の証人とともに、居住地の役所の担当官の目前で署名して届けなければなりません。しかも本人の意思が変わっていないことを確かめるため、申請は五年ごとに更新する必要があります。

さらに驚くのが、安楽死制度が人々の間にもたらした、意外な効果です。

「いざとなったら安楽死できるんだ」と思ったら、「それだけで生きる力が湧いてくる、死ねると分かった瞬間にホッとする」という声がほとんどなのです。

最近ベルギーで大きな話題を呼んだのは、二十四歳で安楽死許可証を取得したラウラさんという女性です。

二十一歳のときから精神病院に通っており、以前から「私は生きるのに向いていない」と確信しているそうです。しかし「いつでも安楽死ができる」と考えて今のところ実行は思いとどまっているとか。

さきほど述べたように、この安楽死許可書は五年で効力を失うので、運転免許と同じく、ずっと保持するには、更新が必要です。実際、途中で「もう死なない」と決めて、更新手続きをしない人も多いようです。ラウラさんがそんなケースになればいいと願うのは、ラウラさんの両親です。

さらに話題になったのが、ロンドン、リオのパラリンピックで、金・銀・銅のメダルを獲得したマリーケ・フェルフールト（三十九歳）さんが、出場より八年前に安楽死の許可を得ていたことです。

パラリンピックと安楽死という、人々の感情をそそる話題に、一部のメディアは「彼女はパラリンピックが終わった直後に安楽死をしようと考えている」と書き立てました。彼女自身がそれを訂正し、「安楽死の許可がなかったら、いまごろもう自殺していたでしょう。

よりよく人生を生きるためのものですから、いますぐ安楽死はしません」と宣言しました。

マリーケさんは一〇代半ばで脊髄の病により下半身不随となりました。症状は年々悪化して、頻繁に激痛に襲われるようになり、痛みで眠れず、モルヒネを使ってほとんど昏睡状態になることもあるそうです。

しかし、安楽死の許可証があることで「人生の操縦席にいるのは自分だ」と信じられるようになったといいます。

おかげで急に勇気がでて、今は、やりたいことが山ほどあるといいます。自分史を出版し、夢だった日本訪問も果たしました。インドア・スカイダイビングにも挑戦したそうです。

ベルギーの特徴は、安楽死は究極の緩和治療と考えられているということです。ですから施術は医師が行わねばなりません。患者があらかじめ定められた厳密な方法で申請している限り、医師は致死にいたらしめても法的責任には問われないと明言されています。

※この原稿を書いたあと、ニュースが飛び込んできました。二〇一九年一〇月二二日にマリーケさんは四〇歳で安楽死を遂げたということです。死を遂げる三日前に両親と友人に囲まれてささやかなパーティーを開き、「楽しみにしているわ。これでやっと安らかになれるし、痛みからも解放されるから」と語ったといいます。

もう一つ話題になっているのは、ベルギーがスイスに次いで、第二の「安楽死ツアー」の目的地になっているということです。二〇一六年と一七年には、二十三人の外国人がベルギーに安楽死をしに来ました。

ベルギーでは、オランダのように安楽死の対象を自国民に限定していません。

EUでは、医師免状が他の加盟国でも通用するので、EUに加盟している国の国民なら、自国の医師にベルギーまで同行してもらい、安楽死の処置を受けることは可能なのです。

このごろはフランスからの希望者が特に増えているとのことです。このままではベルギーがフランス人安楽死の「ドレイン（排出口）」になる心配がある、というのでフランス人は一年につき十二人に限定するという処置も取られたとか。

さらにベルギーでは「安楽死キット」が薬局で買えるようになりました。ただし、誰もが買えるわけではなく、在宅医が薬局に注文すると、二十四時間後に配達されるという仕組みです。値段は60ユーロ（約六六〇〇円）です。

スイスの場合…外国人にも開かれた唯一の国

安楽死といえばスイス、スイスといえば安楽死と連想されるほどになりました。確かにスイスには他国の追従を許さぬ伝統があります。

安楽死が法的に認められたのは一九四二年、戦争中のことでした。

それによると「利己的な理由での自殺幇助を罰する」とあります。逆に言うと、利己的な理由でないならば、自殺幇助をしても、罪とはならないということです。

また、びっくりするかもしれませんが、スイスでは「安楽死」という言葉は禁句です。ナチで行われていた安楽死の記憶が生々しいからです。安楽死させるのはとんでもないけれど、自殺したい人をサポートすることは犯罪ではないということです。

医師は「利己的理由で」薬を処方するのでない限り、罪に問われることはありません。

日本から来て安楽死を遂げた小島ミナさんが、亡くなるときに医師の質問に対して、はっきりと「これから死んでゆきます」と言っていましたが、これは法律的にいうと、自殺行為を証明する発言であり、医師にとっては自分が殺人罪に問われないための、大切な手続きなのです。

また、医者が薬を処方し、患者自らの決断でそれを使って自死するのは、安楽死ではなく「病死」とされます。

スイスには自殺幇助のための組織がいくつかあります。

まず一九八二年に発足した「エグジット」（出口という意味）は、スイスに住む人々の自殺幇助に力を入れている組織で、安楽死ツーリズムとはあまり関わりがありません。

もう一つの組織は「尊厳」を意味する「ディグニタス」で、「死を望むが、法律によって自国では安楽死が不可能な国に住んでいる外国人の自殺を幇助する」ことを目的に、一九九八年にルートヴィヒ・ミネリという元弁護士によって設立されました。

ディグニタスを維持するには苦労も多いようです。

一番苦労したのは死に場所の確保だったとミネリさんは言います。しょっちゅう棺が出てゆく家は嫌われて排斥運動が起きるため、ミネリさんはいろいろなところを渡り歩きました。いまはチューリッヒ湖近くの町に、家を買って、そこに一〇人ほどのパートタイマーが働いていているそうです。

ディグニタスの家を写真で見た方は多いと思われますが、トタン板に青色のペンキを塗ったような外見はとても醜く、部屋の中にはキッシュな天使の置物や、カラフルなソファーとベッドが置かれています。

陽光にあふれ、清潔で、特徴のない部屋はリゾート地のウィークリーマンションのようです。私は写真を見ただけで、この家で死にたくないと思いました。あくまで私の主観ですが…。

ミネリさんは自分の人生を終わらせる権利は万人にあるといいます。「自殺する人が道徳的に正しいか、間違っているかは問題にしません。ここでは無神論に基づく自己決定権を尊重しています」

外国人をも受け付ける組織にはもう一つ、エリカ・プライシックという女医さんが主催する「ライフサイクル」があります。彼女はもともと「ディグニタス」に所属していましたが、二〇一一年にそこから独立しました。実は、先に触れたオーストラリアのグッドールさんも、小島ミナさんも、この「ライフサイクル」のエリカ・プライシックさんのお世話になって亡くなりました。

彼女はもともと助産師でした。命の誕生を扱うことから、命の終わりを扱うことに移ったのですね。

初めて施す安楽死の対象は、自分の父親でした。二〇〇六年のことです。それ以来、四〇〇人を超える人の自殺を手伝い、やがて彼女は「死の天使」と呼ばれるようになりました。

その一方で、緩和ケアに力を入れる総合医でもあります。務めている病院の近くの小さな家に、九〇代の義理の両親と住んでいるそうです。

「生きる意欲のある年配の二人と暮らせるのは素晴らしいことです」

「死の天使」と呼ばれていることをどう思うかという質問に、彼女はあっさりと答えます。

「人を助けたくて医師になったのでしょう。安楽死もケアのひとつであり、人助けの延長にすぎません」

「自分の好きなときに、落ち着いて安全に自死を選べる。そんな選択肢があることは、私にとっては美しいことに思えます」

迷いはないのかという質問にはこう答えています。

「私を信頼して各地から人が来てくれることは、私にとって名誉なことだと思っています。もちろん付き添いの近親者の悲しみに触れて、私の心も毎回、動揺します」

さらに「幇助したのは間違いだったのではないか、と疑うケースもある」という告白もしています。本当に正直な人だと思います。

二〇一九年六月二日に放映されたNHKドキュメンタリー『彼女は安楽死を選んだ』では、エリカさんの映像も見ることができました。感情をひとつも表に出さず、淡々として、しかし確実にことを進める姿は、三年前、末期がんの私の夫をセデーションで逝かせてくれた女医さんの姿とダブりました。

「患者の権利はたとえ家族からでも守る」という確固たる無言の態度で私を圧倒した、あの若い金髪の女医さんは、どんな気持ちで夫に注射したのだろうか、夫はどんな気持ちでそれを受けただろうか。長く私の心にわだかまった感情が、映像によって再び蘇りました。

エリカさんは二〇一七年の一年間で八〇人の人を送ったということです。執行には二人の医師の個々の判断が必要で、さらに安楽死が適切に行われたことを証明するために、「私はこれから自殺します」と宣言してから亡くなるまでの様子をビデオに取り、資料として警察に報告しなければなりません。このストレスに堪える重圧は尋常ではありません。

フランスの場合…植物状態の人命をどうあつかうか？

カトリックの影響力が強いラテン諸国では、安楽死が認められるのはほど遠いと、つい最近まで思われてきました。

ところが、二〇一六年一月に飛び込んできたのが、フランスで終末期鎮静（セデーション）を合法化したというニュースでした。終末期鎮静とは「ソフトな安楽死」とも呼ばれ、医療麻薬で昏睡状態にし、徐々に死に向かわせる「深い持続的鎮静」のことで、いわば「死ぬまで眠らせる」方法です。

法律によって、終末期の病人が希望するか、事前指示書があった場合には、たとえそれによって死が早まる場合でも、鎮静剤を使うことが認められたのです。本人の意思の確認が取れない場合も、家族との相談など一定の手続きを経てセデーションが行えることになりました。

私はこのニュースを聞いたとき「フランスよ、お前もか！」とびっくりしましたが、考えてみれば、ここまで来るのにはさまざまな経過があったのです。

二〇〇五年には「医師は無駄に人工的に延命するのをやめることができる」とする法律ができました。その決定は最終的には医師がすることになっていましたが、二〇一六年にはそこが改定されて、本人の意思を尊重することが明記されたのです。

近年、植物状態の人の命をどう思うかについて、フランス中が何年かにわたって湧き立つ事件が起きました。いわゆるバンサン・ランベール事件です。

二〇〇八年九月、バンサンという三十八歳の青年は、車を運転していたとき木に激突して、脳挫傷を負いました。命はとりとめたものの、全身不随で、目を開けていても知覚や理解が機能しているのかどうか分からないまま、胃瘻によって栄養補給されている状態が五年間続きました。

二〇一三年バンサンの妻は「夫は誰かに依存して生きるのはいやだと言っていた」と証言し、脳幹が破壊されて回復の見込みがないことを理由に、胃瘻を取りやめようとしました。しかし、熱心なカトリック信者であるバンサンの両親にはそれを伝えませんでした。

ここから「夫を苦しみから解放してやりたい」と願うバンサンの妻と、「どんな状態でも息子を生かしたい」という母の鋭い対立が起こります。

翌年妻は安楽死が認められている隣国ベルギーに引っ越します。法定代理人は妻ですから、母親はバンサンを連れ出して安楽死させられることを恐れて、バンサンをフランスから出さないという判決を求め、認められます。

病室には鍵がかけられ、監視カメラがつけられることになり、妻のベルギーで安楽死させるという計画は挫折します。ここまででも、フランス人はやっぱり主張が強い！　と感心させられますが、ドラマはまだまだこれからです。

母親は病院の近くにアパートを借りて長年バンサンの看病を続けてきました。

母側は「息子は食事障害と、コミュニケーション能力を奪われているだけで、障がい者として立派に生きています」と主張。それに対し、妻側は「これ以上バンサンを苦しめたくない」と反論します。

妻はコンセイユ・デタ（国務院）に延命処置の停止の許可を求め、それが認められました。主治医はこれに従って延命治療の中止を決定しましたが、母はこの判決が下る直前にヨーロッパ人権裁判所に異議申し立てをし、その判決が下るまで延命処置は継続することになりました。

すでに述べたように、二〇一六年の新法によって、当人の意志がもっとも尊重されることになっていたので、バンサンが「誰かに依存する生活はいやだ」と言っていたという妻の証言には重みがありました。問題は、妻の証言だけでは本人の意思として根拠が薄いということでした。

審理の結果、ヨーロッパ人権裁判所はコンセイユ・デタの判決を支持し、延命処置を外すことは欧州人権条約に違反していない、と判決を下しました。

ついに二〇一九年一月、医師団は生命維持装置を外すことに決めました。母はマクロン大統領に手紙を書きましたが、大統領は介入を断りました。

母は、ラジオに出演して「息子が殺される、モンスター！」と叫び、「息子は食事もできるし、声をだすこともあります。立派に生きています」と主張。それを受けて、バンサンの様子がテレビで放映されました。泣いているように見えたり、瞬きをしたり、食料を口に入れたりする様子は、聴衆に強くアピールしました。

延命処置停止の日、フランスはものものしい雰囲気に包まれていました。パリではカトリックを中心とした延命継続を訴える集会がもたれ、マクロン大統領に介入を求めるデモも行われました。

そこにまた、とんでもないどんでん返しのニュースが……。

フランス・パリの控訴院が延命医療の継続を決定したというのです。国連の「障がい者の権利委員会」が法的処置を調査している間は、延命停止はしないでほしいという母側の主張を認めた形です。

ついに判断は最高裁にまで持ち込まれました。そこでの判決は、バンサンの生命維持装置停止でした。これで母の主張がフランスで認められる可能性はすべて閉ざされました。

二〇一九年七月、バンサンの生命維持装置がはずされ、彼は九日後に亡くなりました。

延命停止の決定を受けてから、病院はバンサンの病室の向いの二つの部屋を用意して、一つは妻側、もうひとつは母側としました。それぞれのグループが入れ替わりでバンサンのそばに寄り添いました。全力を尽くした母は「あきらめ、判決を受け入れます。後は祈るだけ」と語りました。

フランスはこの騒動からなにを学んだでしょうか?

その答は軽々には言えませんが、差し当たっての結論は「死ぬ時にどうしてほしいか、文書にして残さなければ」ということだったように思います。

この事件についてインタビューを受けた健康大臣は、返答に困って「それぞれ人生における自分の扱いについての希望を、書いて残すようにしてください」と懇願したそうです。

イタリアの場合…尊厳死容認に傾く

二〇一八年、イタリアでも、尊厳死を認める法案が通りました。「医師は延命治療を望まない患者の意思を尊重しなければならず、その際殺人罪などに問われない」とうたわれています。

この法案が通った理由としては、バチカンの「鶴の一声」が大きかったと報道されています。これまでカトリックは安楽死反対の最右翼で「いつ死ぬかは神のみが決めること」という立場を守ってきました。

カトリック信者が80%と言われるイタリアで尊厳死が認められるまでには、長い道のりがあったのです。

一九九二年のこと。二十一歳のエルアナは交通事故のために植物状態となり、十七年のあいだ生命維持装置で生きてきました。

父親は「回復の見込みがない娘は生きたくないはずだ」と主張して装置を外す許可を裁判所に求めました。裁判所は許可しましたが、検察側が控訴。裁判所は再び許可の判決をくだしました。

しかし、バチカンの意向をおもんぱかった保守派のベルルスコーニ首相は、裁判所の判断に介入して、病院に延命中止は許さないという命令の法案をつくりました。ところが左派の大統領は「裁判所の決定を覆すことはできない」と言って署名するのを拒否しました（イタリアでは首相の権力のほうがずっと強く、大統領は象徴的な存在にすぎないのですが、法案を議会に提出するには、大統領のサインがいります）。

これで法的な問題はクリアしたのですが、今度は延命中止をしてくれる病院探しに難航しました。病院は国家の圧力を恐れて、どこもやりたがらなかったのです。

やっと民間医院が引き受けてくれて、エルアナは救急車で運ばれました。ある抗議グループが、エルアナを乗せた救急車を妨害するという騒ぎがあったものの、延命中止は無事に行われ、エルアナは三日後に亡くなりました。

反対派は「エルアナは死んだのではない、父親に殺されたのだ！」と叫び、それに対して父親は「娘はもう私とともにいない。それ以上はなにも言いたくない。そっとしておいてほしい」と答えました。当時の世論調査では58％が父親を支持。しかし反対派も多く、世論は真っ二つに割れていました。

イタリアが尊厳死容認に傾く直接のきっかけになったのは、二〇一七年、ミラノでＤＪとして活躍していたファビアーノ・アントニアーニさんが、スイスで安楽死をとげたことです。

彼も交通事故で四肢麻痺の後遺症を負いました。全身に痛みが走り、音楽も聴けない状態となったため、ついにスイスのディグニタスで安楽死を遂げたのです。

この出来事を受け、イタリアでは安楽死の是非について大きな議論が巻き起こりました。

ローマ教皇フランシスコは、安楽死までは認められないとしながらも「尊厳死は道徳的に正当」と言明、この「鶴の一声」で尊厳死が法的に認められました。

しかしカトリック教会全体としては、尊厳死にも安楽死にも反対の勢力がいまだに強いのが現状です。

教皇フランシスコも、二〇一九年のバンサン・ランベールの死に関しては、「命は神からの贈り物であり、自然な死を迎えるまで守り抜くことが必要だ」とコメントしています。

台湾の場合…安楽死の必要性の声が高まる

自己決定の考え方がまだそれほど強くないアジアでも、「自分が死にたいときに死にたい」という考え方は浸透してきているようです。

まず台湾では、二〇〇〇年に「ホスピス緩和医療条例」ができました。患者本人の指示書があれば、延命処置をしないことはもちろん、中止もできるというものです。公布以来、尊厳死の意思を登録した人は五十四万人を超えています。

それだけではありません。さらに二〇一六年には「患者自主権法」が公布され、終末期の患者だけでなく、「極めて重度の認知症」や「持続的植物状態」も尊厳死の対象となることになりました。

日本からみると、ずいぶん進んでいるように思いますが「それでも足りない、安楽死を合法化してほしい」と主張する著名なスポーツキャスターの事件がたいへんな話題をよびました。

傅達仁（フー・ダーレン）さんはバスケットボールの有名選手であり、テレビなどでスポーツキャスターとしてもよく知られていましたが、二〇一六年に膵臓がんにかかりました。それ以後、安楽死を合法化せよという運動をはじめ、蔡英文総統に意見書を提出するなどしていましたが、ついに間に合わず、二〇一八年スイスのディグニタスで安楽死を遂げました。

傅さんは、台湾出発からディグニタスの玄関先まで、マスメディアの取材を受け、安楽死の必要性を訴えました。オーストラリアのグッドールさんと似た動きですね。付き添った息子の傅俊豪（フー・ジュンハオ）さんは帰国後、父の運動を引き継ぎ、「平和で幸せな死が存在するということを、世間にぜひ知ってもらいたい」とあえて死んでゆく父の姿を写したビデオを公開し、運動を続けています。

韓国の場合…法の整備が進む

韓国でも尊厳死を認める法案が二〇一六年にでき、二〇一八年から施行されています。その法案の特徴は、患者本人の意思が最優先され、そのための条件がとても厳密に規定されているという点です。

延命治療をやめてもらうには「患者自身が意識のある時に中止等の意思を明確に示すこと」とあり、どんな「事前意向書」を作り、どんなところに登録するかを規定しています。意思確認ができない場合は、患者の家族全員が中止等を合意し、さらに医師二人（担当医と専門医）が同意しなければなりません。また、未成年者については法的代理人（親権者に限る）が意思表示し、さらに医師二人が同意した場合に限るとする、などセーフガードが非常に高くなっています。韓国のキリスト教団体は「ホスピスが普及していないこの国で、延命治療中止は生命軽視である」と反対していましたが、この厳密な法制化によって、賛成に回りました。

さらにもう一つ「事前医療意向書」という制度もできました。十九歳以上ならだれでも登録できる制度で、回復の見込みがない場合、どんな処置をしてほしいか、してほしくないかを自分で選択して登録しておく制度です。

日本でいえばリビング・ウィルにあたるでしょうか。データベースが完備されているおかげで、この書類があれば国内どの地域の病院でも通用するそうです。これは世界初のことです。

制度が始まって六カ月で、すでに「意向書」の登録は四万八〇〇〇人を越え、延命治療を受けずに最期を迎えた人は一万五〇〇〇人近くに上っています。

日本の場合…ふたりの場合に見る安楽死の是非

こうして安楽死をめぐる諸外国の情勢を見てきたのは、世界のなかの日本がどんなところに位置しているかを知るためでした。日本が世界の情勢からかけ離れていることにショックを受けられたのではないでしょうか。

日本は特異です。

安楽死に賛成か反対かというアンケートでは、国民の70％前後が「賛成」と答えています。

二〇一六年十二月には、橋田寿賀子さんが文藝春秋に「私は安楽死で逝きたい」という記事を書きました。それが翌二〇一七年には『安楽死で死なせてください』という本になり、直ちにベストセラーになりました。

しかし、橋田さんは二〇一八年三月には早々に「もうあきらめます」と宣言。

「日本は、議論をぐちゃぐちゃにしているんですよ。安楽死を短絡的に、『役に立たなくなった人は死ねということか』という議論に結びつけるのは違うな、と思います」と言っています。

世論では過半数を超えても、おおやけに発言すると、正論でバッシングを受けるというのが現状のようです。「もっとちゃんと生きる希望を持ちなさい」、「がんばって生きるところを見せてください」、「あなたがそう言うことで、他の人にまで死を強制することになりかねません」等々の反応をネットや投書などで頻繁に見聞きするのは苦痛ではありましょう。

安楽死を考える次なるチャンスになったのは、多系統萎縮病という病気にかかった小島ミナさんが、スイスにある自殺幇助団体まで赴き、そこで亡くなったことです。

このいきさつをＮＨＫが記録していました。

死のタブーを破って、亡くなる瞬間を放映するＮＨＫの過激さには感心しました。点滴の針を開けてから死に至るまで、枕元で見送る二人の姉に笑顔で「ありがとう」を繰り返しながら、眠るように亡くなってゆく三〇秒は特に圧巻でした。「人が死ぬとき、膨大なエネルギーを放出する」といわれますが、あのシーンを見ただけでも、涙が出たという人を多く聞きます。

私はこの番組を見て、「安楽死は是か非か」というような発想はやめたほうがいいと思うに至りました。

番組では、バランスをとるためでしょうが、同じ病気にかかった女性が、まったく正反対の選択をして、人工呼吸器をつけるケースを合わせて紹介しています。彼女は「生きる支えは家族です。なにげない会話によろこびを感じます」と言います。

いっぽうミナさんは「寝たきりで天井を見ながらおむつを替えてもらい、食べさせてもらって生きる意味がありますか？」「私が私でなくなる前に死にたい」と訴えます。

どちらが正しいかなど決められません。たぶんどちらも正しいと思うのです。

ミナさんの安楽死をサポートした二人の姉たちにも感服しました。

夫が「死にたい」とつぶやいたときも、「そんなこと言わないで、元気になって」と励まし、高カロリーゼリーや栄養補助食品を強要した自分と比較してしまいます。

別れの晩餐での姉たちの涙目の笑顔は、妹を世話して生きてきた長年の重みに耐えているように見えました。

実はミナさんにはもう一人姉がいて、彼女はこう言って安楽死に反対したそうです。

「人の力を借りて生きてもいいんだと思ってほしい」

ミナさんはそれにどう答えたのでしょうか。

安楽死をサポートする気持も、それに反対する気持も、どちらも本気でしょう。

ACPの行方

厚労省は、回復の見込みがない患者の死に際をどう決めるかについてガイドラインを出し、矢継ぎ早に改定をしています。

二〇〇七年の「終末期医療の決定プロセスに関するガイドライン」で問題が生じた点を改良して、二〇一八年には「人生の最終段階における医療・ケアの決定プロセスに関するガイドライン」という新しいバージョンを出しました。

二〇〇七年のガイドラインが病院中心だったのを改め、地域包括ケアをさらに推し進めて、介護施設や在宅でも活用できるものにしたい。そこに鳴り物入りで推奨しているのがACP（アドバンス・ケア・プランニング）です。

ACPとは「今後の治療・療養について患者・家族と医療従事者があらかじめ話し合う自発的なプロセス」です。話し合いのテーブルに、介護従事者が参加することが明記されました。死にゆくひとりのために、医療、介護、ボランティア、家族、友人がワンチームを作ろうというのです。

また、患者の状態も意思も、日々変わるものだから、医師とケアチームは、日ごろから繰り返し患者に耳を傾けることが大切だとされています。

厚労省はACPを浸透させるためにニックネームを公募して「人生会議」という愛称を

採択しました。

「決めなくていいからいっぱい話をしよう」をスローガンに、おひとりさま急増の時代を踏まえて、必ずしも血縁・家族でなくても、当事者が信頼する人が関与できるとされています。時代に合わせて柔軟になろうとしている努力が見えます。

ＡＣＰって素晴らしい、お医者さんと「人生会議」でじっくり相談できたらどんなにいいかと誰もが思うでしょう。

厚労省は二〇一九年十一月に、吉本のタレント小籔千豊さんを使ったＡＣＰのＰＲポスターを発表しました。

「命の危機が迫ったとき、思いは正しく伝わらない、そうなる前に人生会議しとこ」というセリフとともに、酸素マスクをつけた、死の間際らしい男性の表情が大写しにされたポスターです。

ところが発表されるやいなや、患者やその家族から「酷すぎる」「脅しのようだ」という非難をうけ、早々に撤回してしまいました。

マスコミが大きく取り上げたので、「人生会議」やＡＣＰという言葉の普及には、皮肉なことですが、大きな効果があったのではないでしょうか。


しかしＡＣＰには疑問も湧きます。

まず、今でさえ激務のお医者さんが、患者の人生談義に参加する時間と用意があるだろうかということ。

会議そのものへの疑問もあります。

患者の気持ちをまずは汲もう、患者の決定が第一という姿勢が基本にあって、それを全うするためにどうしたらいいかを、医療や介護、友人、家族がそれぞれの立場から平等に話し合えたら理想です。

そのためには参加者一人ひとりがフラットで平等な立場を保つことが前提となりますが、本当にそういう会議ができるのか、また、そこで患者の意見が「尊重」されるとはどういうことなのか。

「わがまま」「迷惑」と言われたくないという気持と、「自分の思う通りに死にたい」という気持ちがせめぎあう患者は、会議でどんな発言ができるのか、たいへん微妙です。

もちろん、そこからほんとうの死ぬ知恵が生まれる可能性はあります。それができれば、とてもゼイタクでありがたいことだと思います。

そのためには、わたしたちも死を前にして自分が何を望むか、日ごろから折あるごとに考え、できれば周りの人にそれを伝えることだと思います。

高齢者の尊厳死は法令化されないまま、なしくずしに「あたりまえ」になってゆくでしょう。しかし突然の事故の場合は、本人の意思が通る保証はいまのところ日本にはありません。政府も、法曹界も、医療界も、宗教界も、尊厳死や安楽死については、あたかもないもののように、口を閉ざしたまま、二〇二〇年を迎えています。

私は「死ぬ権利は人権である」という西洋流の考え方がゼッタイ正しいとは思いません。あまりに早急に安楽死が行われたのではないかというケースはままあると、スイスやオランダの医者自身が告白しています。

しかし「最悪の場合、安楽死がある」と思うことが逆に生きる希望になっているという証言もたくさん聞きます。

私は安楽死の条件をできる限り厳密に規定して、めったに使われない「抜かずの宝刀」として認めるのがいいと思います。それはどんな条件なのか、まずはタブーを破って議論を始められたらと願います。

……………………………………

1 木谷恭介『死にたい老人』幻冬新書、2011年

2 大岩孝司・鈴木喜代子『その鎮静、ほんとうに必要ですか がん終末の緩和ケアを考える』内外医学社、2014年

3　モーリス・パンゲ、竹内信夫訳『自死の日本死』筑摩書房、１９８６年
4　手塚治虫『ブラック・ジャック』１巻~25巻、講談社、１９９６年

終章

人はどうして死ぬのか

日本の神話は、人はどうして死ぬのかを説明してくれています。

原初の女神イザナミは、火の神を出産するときに焼死してしまいました。そこで夫のイザナギは、妻を探して黄泉の国（死者の国）に行き、真っ暗ななかでイザナミの声を聞きます。

「もう遅い！　でも帰れるかどうか死の神々に相談するから待っていてください。私の姿はゼッタイ見ないでください」

なかなか戻ってこないイザナミを待ちくたびれたイザナミは、「見るな」の禁を侵して、妻の死体を見てしまい、そのおぞましさに怖気をふるって逃げ出します。

妻は「よくも恥をかかせたな」と言って夫を追いかけ、呪いの言葉を投げかけます。

「いとしい夫よ、あなたの国の青人草（あおひとくさ）を、一日千人くびり殺してやります」

それにこたえてイザナギは「いとしい妻よ、ならば私は一日に千五百の産屋を建てよう」

つまり毎日千五百人の人間が生まれるようにしようと答えました。

人間は生え出たと思ったら、すぐに枯れる草のようなはかない存在です。それも神々の争いの駆け引きの道具として千単位でやり取りされる、とるに足りぬ存在です。

日本神話ではこのように人間はどうして死ぬのかが説明されていますが、人間はどうして生まれてきたかは説明してくれません。

人はどうして生まれたか

反対にギリシア神話は、どうして人が生まれたかは説明してくれていますが、どうして死ぬのかは直接説明してくれません。

決して死なない神々とはっきりと区別して、人間をいつも「死すべき者」と呼んでいます。神と似た姿はしていても、人間は必ず死ぬという点で、神の足元にも寄れぬはかない存在であるということを、話すたびに思い起こしているのです。

前七世紀の詩人ヘシオドスは、人間は時代とともに人種が入れ替わり、それとともにどんどん堕落して、今（つまり前七世紀）は一番劣る人種の時代だと記しています。

一番初めの人種は「黄金の種族」です。人間は神々と交わって、幸福に、穏やかに暮らし、数百年以上も長生きしました。神と違うところはただ一点、死ぬことだけでした。しかしその死は眠りのように安らかでした。死んだのち彼らは「守護神」になりました。

次に「白銀の種族」が出現しました。生まれてから百年は母なる女神の庇護のもとで子どもとして幸福に過ごしますが、成人するやいなや、闘いに明け暮れて、すぐ死んでしまいます。信仰心も薄かったので、ゼウスはこの人種を滅ぼしてしまいました。死んだ後、彼らは神々のところには行けず、地下に行きましたが、そこで「幸福な霊」となりました。

第三の種族は「青銅の種族」で、ゼウスがとねりこの木から作ったそうです。青銅の武器をもち、青銅の家に住み、闘い合って死んでゆきました。ゼウスはこの失敗作を、大洪水で滅ぼしてしまいました。死んだのちは、地下の惨めな家に、名もない霊として住んでいます。

四番目は「英雄の種族」。この種族だけ金属の名前がついていません。たくさんの優れた英雄たちがトロイア戦争で活躍した時代です。あのタナトスは戦場で大忙しだったでしょう。英雄たちは戦死したあと、エリュシオンという楽園の島で、永遠の幸福を享受していると言われています。

第五の種族は「鉄の種族」です。二十一世紀に生きる私たちも、鉄の種族の末裔ということになります。これまでの種族のなかで一番劣る種族で、子どもは親に逆らい、兄弟は争い、正義は廃れ、強いものが勝つ世界です。

これまでの種族が男だけの単性だったのに対して、鉄の時代には女性という種族が、人間の不幸を徹底的にするために、ゼウスによって作られました。

これまでは、人間は大地から自然に生えてきました。ですから子孫を増やすために異性は必要なかったのです。ところが鉄の時代になると、火を持たないみじめな人間を助けようとしたプロメテウスの策略に復讐するために、ゼウスは泥を材料として女性という新種族を作らせ、パンドラと名付けました。外見は女神のように美しいけれど、「犬の心」を持つ災いの元です。

それ以来、人間（男）は子孫を作るために女という種族と結婚して、鉄と泥の混血の種族をつくり、もろい肉体と命を持つようになったというのです。ヘシオドスは、神はこの種族をすっかり見捨てたと書いて、死んだのちどうなるかは書いていません。これ以上ペシミストになりたくなかったのかもしれません。

別の神話バージョンでは、人間は灰から作られたことになっています。でもただの灰ではありません。ゼウスの息子ザグレウスは、赤子のときにティタン族に殺され、バラバラに解体されたうえ、煮て食べられてしまいました。ゼウスはたいへん怒ってティタン族にカミナリを落として焼いてしまいました。この灰から人間が作られたといいます。だから人間は神由来の霊性をちょっとだけ持っていますが、ティタン族由来の壊れやすい肉体の中に魂は拘束されているという説明です。

他にも工作の神プロメテウスが土をこねて人間を作ったというバージョンもあります。

このようにギリシア神話は、定説はないものの、人間がどうして生まれてきたかを説明しています。一つだけ共通しているのは、生まれることの中に、死ぬことが前提となっているということです。もろい材料からできたものですから、壊れるのは当然なのです。

人はどうしてケアをするのか

ギリシア神話は、人間の運命は身も蓋もなく惨めであるということを、これでもかというほど思い知らせてくれます。もうちょっと、夢というか希望がほしいと誰もが思います。ヘシオドスから百年ほど経ったころ、ローマのヒュギーヌスが『ギリシャ神話集』の中で、なぜ人間が生まれたかについて、新しいバージョンを記録しています。これはギリシア由来ではなく、純粋にローマで作られた神話といわれています。

それによれば、人間を作ったのはクーラ（CURA）という女神です。「心使い」、「心配」という抽象概念を擬人化したもので、英語のケア（care）は派生語です。この女神がどんな姿をしているか、誰から生まれたかなどは書かれていないので、想像するほかありませんが、こういう話です。

クーラは川辺の白い粘土から人間の形をつくりました。ジュピター（ゼウス）に命を吹き込むよう頼むと、お安い御用と命を吹き込んでくれました。クーラはこの人間に自分の名前を付けようとしました。するとジュピターは、命を吹き込んだのは自分だから、自分の名前をつけるべきだと主張します。大地の女神（テルルス＝ガイア）もでてきて、自分は材料を提供したのだから、自分の名前をつけてほしいと主張します。

三者の争いに決着をつけたのはサートゥルヌス（クロノス＝時間の神）でした。人間が死んだときに魂はジュピターに由来するのだからジュピターに返すように、そして体は大地に由来するのだから大地の女神に返すがいい。しかし生きているあいだは、それを作ったクーラのものとするがいい。名前は土（humus）から作られたのだからホモ（homo＝人間）とつけるのがいい。

この物語は人間の条件について、多様なことを考えさせてくれます。

ハイデッカーは『存在と時間』の中でこの物語を引用し、クーラが人間という存在の根源となると解釈しました。人間は時間的に限りある体をもちながら、神のように永遠に続くことを希求するという矛盾をはらんでおり、それをなだめるために、根源的にクーラという「憂い」や「心配り」をする存在であると解釈しました[1]。死生学も死んでゆく人への思いやりと共感から生まれた学問ですから、クーラと深いかかわりがあります。

ちなみに、これまで人類はホモ・サピエンス（知性をもったヒト）であると考えられてきましたが、二十一世紀はホモ・クーランス（ケアするヒト）と定義しなおしてはどうかと提案されるようになっています。

人は死んだらどこにゆくか

古代ギリシア人は、死んだら審判なしに誰でも、魂は地下の冥府にゆくと信じていました。

『オデュッセイア11巻』には、死者しかゆけないはずの冥府に、オデュッセウスが生きたまま行って帰ってきた話が記されています。

それによれば、冥府は薄暗く湿っぽいところで、彼岸花に似たユリ科の白い花が咲いているだけの寂しい荒野です。魂はゆくところもなく、することもなく、ふらふらと浮遊しているだけ。冥府の入口でオデュッセウスが生贄のため羊の血を捧げると、有象無象の魂がわらわらと飛んできて群がってきたということです。荒野を進んでゆくと戦死した戦友の英雄アキレウスに会いました。

オデュッセウスは「ここでもあなたは死者に君臨し、権力を誇っているのだから、死んでも歎くことはありませんよね」とお世辞をいうと、アキレウスはこうつぶやいたということです。

「こんなところですべての死者の王になるよりも、むしろ地上にあって、土地の割り当ても受けられず、資産も乏しい男にでも雇われて仕えたい気持だ」

若い肉体美と生命の輝きを賛美する古代ギリシア人は「死んで花実が咲くものか」と真

底思っていたようです。

死に際してたよりになるものは自分だけ

私たち日本人の死生観は、アキレウスのつぶやきに端的に表れているような「人間生きているうちが花」という生の礼賛と、日本神話の、はかなく大地に消えてゆく「あおひとくさ」であるという諦念の両方を、矛盾を感ずることなく、素朴に抱えてきたような気がします。

戦後の私たちも、この伝統を受け継いで、「死とはなにか」という議論を思索的に追及するよりは、素直で単純な態度で死にむかい、残る日々の生活をいかに充実させるかに重きを置いてきたように思います。死んだ後にどこに行くのか、この世にどんな栄誉や名声を残すのかは死にむかうとき、全然重要ではないと感じているのです。

戦前と違うところは、新しい姿勢として、死に向かって頼りにすべきは科学のみであるという考えが圧倒的になったことです。しかし科学は、死とは何であるかさえもわかっていません。

そんな頼りない科学を杖にして、これまた頼りない個人的実感を最後の砦としているのです。

死に向かって盾となるのは、医療ではない、宗教でもない、家族でもない（迷惑をかけることは自立した人間にとって耐え難いものです）、最後の砦は「自分らしさ」です。「覚悟」と言い換えてもいいでしょう。これがまた一番頼りないものです。

このようなナイナイづくしのなかで、いままで忘れかけていた生活のなかにこそ、新しい死生観が生まれると信じて活動している人々がいます。この動きを二つ紹介することで結論に代えたいと思います。

ホームホスピスの可能性

二〇〇〇年代初めころから、「これから高齢者はどこで死ぬか」という問題が、世間で熱心に語られていました。そんなある日「ホームホスピス」という言葉を聞きました。

ホスピスといえば2章で見たように、末期患者が緩和ケアを受けて穏やかな最期を迎えられることを主眼とする、イギリス発祥の病院です。しかしそこに入れるのは末期のがん患者だけ、病床も少ないので入院も難しい。治療法がなくなって、死にゆく人が入る病院というマイナスイメージもあります。

また病院ではなく「在宅ホスピス」という可能性も出てきました。医師や看護師さん、ヘルパーさんが、必要に応じて二十四時間対応で家に来てくれるシステムを活用すれば、一人暮らしでも在宅死が可能という希望も語られるようになりました。

そんな中で、あるとき「ホームホスピス」というものがあることを知りました。「えっ、ホスピスや在宅ホスピスとどう違うの？」という素朴な疑問から調べてゆくと、この運動が新しい死生観を生み出すための文化運動の先端をゆくように思えて、心が躍りました。さっそくこの運動を展開している市原美穂さんに会いに宮崎まで飛びました。

ちょっとなつかしい木造の民家に、入居者四人とヘルパーさんが穏やかに暮らしているというというのが第一印象です。キラキラした目で活発に話しかけてくれた入居者が認知症と知ってびっくりしました。そばでヘルパーさんが洗濯物をたたんでいます。

八年後の今思い出すと、「死ぬときぐらい好きにさせてよ」という樹木希林さんのフレーズが、あそこではすでに実現されていたのではないかと思います。ホームには規則がありません。起きる時間、食事時間も風呂も決まりがありません。ヘルパーが入居者のペースに合わせて生活ができるよう心配りをしています。

認知症でも神経難病でも、どんな病気の人も受け入れます。余命宣告の必要もありません。すぐ亡くなる方もいれば、何年もそこで暮らしても追い出されません。

「そんなことがどうして可能なのでしょうか、ヘルパーさんは大変じゃないですか」という質問に市原さんは、その力は「家という空間」に秘められているのよと教えてくれました。

宮崎には、昭和時代に建てられた4〜5LDKの民家がたくさんあります。サザエさんやドラえもんの家のように、居間があり、廊下があり、ちいさな庭がある普通の家です。

私がうかがった「かあさんの家」と呼ばれる家も、廊下には洗濯物が干してあり、台所の匂いが居間まで漂い、庭には犬が寝ころがっていました。個室があってプライバシーはあるが、お互いの気配が感じられる空間です。

入居者の家族やボランティアも受け入れるので、出入りの多い家です。そこに二十四時間交代体制でプロのヘルパーが住み込み、生活をともにしてゆきます。このような環境の中で、ヘルパーは家族（2人称）でもなく、他人（3人称）でもない、2.5人称の介護が可能になるというのです。

新しい死生観を生み出す「文化運動」

この家は地域の力も引き出します。入居者の家族が泊まり込んだり、近隣の人やボランティアが出入りして、病老死をともにする体験を共有してゆくことを目指しています。市原さんが掲げていた「宮崎にホスピスを、ではなく、宮崎をホスピスに」というスローガンが腑に落ちました。

この運動に共感して「自分の地域にも作ろう」という人たちがあらわれ、全国にホームホスピスが続々作られています。二〇一九年現在で五十七軒。準備中の法人もいくつかあります。これからそれぞれの地域に、それぞれの事情にあった「ホーム」をつくる工夫が重ねられていきます。私の住んでいる町にも、難産のすえやっとできました。

「そんなことしていたら財政がもたないんじゃないの」という心配は、介護をビジネスとして考える固定観念からくるものです。ホームホスピスは介護保険施設としての適用はないので、国からの補助金はありません（だから自由なのですね）。入居料に頼らざるをえず、訪問看護ステーションを併設してヘルパーはそこから派遣されるという形にし、外付けで医療や訪問リハビリなどの外的サービスを導入することによって持続可能になっています。入居者が四人なら赤字、五人ならトントン、六人ならちょっと黒字になるそうです。入居料は二〇一九年現在で、月二十一万円くらいだということです。保証金として入居時に二〇万円支払いますが、退去時に全額返却されます。

いまは全国ホームホスピス協会の理事長として全国を駆け回る市原さんの第一印象は、「心配りが天才的にできるやさしい主婦」でした。子育てをしながら人情劇のボランティアをし、医者である夫の医院を手伝ったのちに、仲間といっしょに手探りでホームホスピスをここまで成長させました。

その後、講演で関西に寄ってくださったときにはときどき雑談しました。「私たちはルンバのように動くのよ」と笑っておっしゃったのが印象的でした。

あちこちぶつかりながら、邪魔なものを片づけたり、動かしたりして、結局なんとか掃除ができる。その場その場で臨機応変に工夫しているだけなの、と。きっちりと決めてから始めるのではなく、その人と環境にあわせて揺れながら、やってきたというのです。彼女ががんサバイバーだということも知りました。がんはいやおうなしに死生観を研ぎすましてくれますから[2]。

看取りこそ宝の山

死ぬことは敗北でもなければ恐ろしいものでもない、死を受け入れたときから、それは尊厳に満ちた最も美しい時間となり、そばで看取る人に最高の贈り物となると伝えている人がいます。二〇一二年に「幸せな死をプロデュースする」というキャッチフレーズで「日本看取り士会」を設立した柴田久美子さんです。これまで二五〇人を看取り、「看取り士養成講座」を開いて、全国で一〇六五人の「看取り士」を育てました（二〇一九年現在）。

看取り士とは「余命宣告を受けた時から納棺士に引き渡すまで」、死んでゆく人に寄り添い、家族や介護者のあいだを調整する先導役を務める人のことです。看取り士の資格を希望するのは、看護師や、家族の看取りを体験した人が多いと聞きました。

看取り士の修練を積めば、死ぬ人のまわりには、白い霧のような光が漂うのが見えるといいます。そのエネルギーを、死にゆく人の体を抱きしめて受け取ることが「命のバトン」です。

柴田さんの経歴は、戦後日本の軌跡と重なります。生産性と効率が讃えられた高度成長期のころ、日本マクドナルド社の社長秘書となり、やがて売り上げナンバーワンの支店長となりました。しかし厳しい仕事を続けるうちに家庭が崩壊し、自殺未遂までしてしまいます。

それからが柴田さんのすごいところです。生産性と効率とは真逆の方向に向かいます。医者のいない人口八〇〇人の離島に移り、まずホームヘルパーとして、そして看取りの家「なごみの里」を設立して十三年間、そこで凛として死んでゆく高齢者の姿を見つめます。この体験が柴田さんの死生観を研ぎ澄ます契機となりました。死にむかって全てありのまま、何も選ばず、見捨てず、嫌わない。誰も選ばず、見捨てず、嫌わない。そしてなによりも自分を嫌わないという、生き方、つまり死に方の極意を身につけたようです。

柴田さんの日常生活は、きわめてストイックです。夏も冬も早朝に水を浴びて身を清め、食事もきわめて粗食、会食の席ではおおらかに笑い、活発に話して場を盛り上げますが、そっとみていると、自身はあまり食べていません。命と向き合うことを最優先した修行者の顔と、講演等と社会活動家の顔を両立させていることが、柴田さんの一挙手一投足からうかがえます。

看取り士の資格取得の修行は、毎日の掃除や食事、立ち居振る舞いを反省することから始まります。基本は呼吸を意識することです。死んでゆく人の呼吸に合わせて付き添い、「傾聴」し、相手の言葉を「反復」し、必要なときには「沈黙」に耐え、最適なときに言葉をかけ、手を握り、肩を抱いて見送るしごとです。家族がいる場合は、家族に別れの流儀を指導します。

命のエネルギーは、亡くなった瞬間に飛んでいってしまうのではなく、何時間もかけてゆっくりと放出してゆくので、息を引き取ったあとも、数時間は抱き続けていることが大切だといいます。死ぬ瞬間だけが大切なのではなく、その前後を通してこそ「命のリレー」が完結します。死は点ではなく、貴重な線であることを柴田さんは、離島の高齢者から学びました。

キューブラー・ロスと同じように「すべては死にゆく人から学んだ」のです。

柴田さんも、島に滞在中にがんが発覚して、本土で手術を受けました。手術直前に「看取りを広める仕事が完成するまで死なせないでください」と祈ったそうです。「死の受容過程」でいえば、第三段階の「取引」をしたわけです。入院中の同室の病人やその家族たちをみて、自分は真のやさしさを学ぶために自ら病となったと思い到ります。

ホームホスピスにしろ、看取り士制度にしろ、時代の変化に敏感に適応しながらも、トツドウさんのいう日本伝統の「日常生活のなかで静かに死ぬことが一番」という死生観にもどろうとしているのは注目に値します。「右肩あがりの成長」しかない資本主義の考え方の根本を変えるための、敷石となっていると確信します。

「看取りコンプレックス」からも解放される

いろいろな事情で大切な人の看取りをできなかった人は多いと思います。「親の死にめにあえない不孝」というプレッシャーは、いまも残っています。柴田さんの死生観に従えば、看取りという千載一遇のチャンスを失ったことになるのでしょうか?

イギリスの自宅で療養していた夫は、誰にも看取られず、眠っている間に亡くなりました。夫の意思で葬式はありませんでしたから、私は日本に留まるしかありませんでした。

看取りはおろか、葬式にも出られないことにひどく苦しみました。思いあぐねて柴田さんに電話しました。

私の話を聞くと、柴田さんは即座にとても明るい声で「だいじょーぶよ」と答えました。「死んでも魂は、残った人にエネルギーを渡すために、一週間のあいだ近くに留まってくれているのよ。イギリスからでも一瞬で日本に飛んでこられるのだから、一緒にいるつもりで暮らすのよ。朝はおはようと声をかけ、一緒にコーヒーを飲み、ご飯を食べ、散歩をするのよ」

それは私にとって最も簡単で自然なことでした。いっしょにコーヒーを飲み、いっしょに散歩をしました。そうして三日ほど過ごすと、だんだん心が落ち着いてきたから不思議です。

七日目、夫が一番好きだった廃線敷の散歩コースを歩いていると、一匹の小さな茶色い蝶々が私にずっとついてまわり、やがて胸元にとまりました。触っても逃げません。

このとき私は夫がそばにいてくれることを確信したのです。それで心の痛みが無くなったわけではありませんが、悲しみの色がちょっと輝いて、穏やかに耐えられるものになりました。

初七日、四十九日という習慣は、グリーフワークのためには、理にかなったことと思われます。柴田さんが言うには、看取りの時だけでなく、せめて四十九日間、旅立った人と一緒に暮らすという心構えを持てば、魂のエネルギーを重ねて生きることになるそうです[3]。家族を失う悲しみは当然のことですが、それを生きる力に変えてゆく考え方があるのです。

…………………………………

1　マルティン・ハイデッガー、細谷貞雄訳『存在と時間』（上）、薩摩書房、１９９４年、４１５～４１７ページ
2　市原美穂『ホームホスピス　かあさんの家のつくり方』木星社、２０１１年
市原美穂『暮らしの中で逝く』木星社、２０１４年
3　柴田久美子『死なないでください』アートヴィレッジ、２００６年
柴田久美子『幸せの旅立ちを約束します　看取り士』コスモ21、２０１３年

おわりに

２０１２年に68歳で大学を定年退職したとき、いままで研究してきたフランス文学や神話学、ジェンダー学からちょっと足を洗って、死生学というまったく新しい学問に挑戦してみたいと思いました。一番新しい学問に挑戦する喜びと、自身の老いに役立つかもしれないという無謀から始めたことでした。老病死を考えるための基礎力は想像力にあると考えて、「想像文化研究組織」というＮＰＯを立ち上げ、たくさんの講師の話を聞き、たくさんの参加者の声を聞きました。すべての方が、私に多くのことを教えてくれました。

そしてつくづく感じました。急激に変化してゆく世界の中で生まれたこの学問に、正解はない、これが正しくて、あれが間違っているということはない。その限界を認めつつ、それぞれの現実にどのように向き合うかを、静かに日常を味わいながら、とことん考えぬくことが大切だということです。

この日本では、人口の30%が、高齢者として老病死の体験を重ねつつあります。世界でも未曾有の体験であり、大きな資源です。砂金を含んだ大きな川の中を泳いでいるようなものです。そこから必ずや新しい文化が生まれてくると期待しています。

本を書くにあたって、アートヴィレッジの越智俊一さんと内浦浩平さんには、誠意をこめたサポートをたくさんいただきました。深くお礼を申し上げます。

二〇二〇年五月　　上村くにこ

著者プロフィール

上村くにこ（うえむらくにこ）

1944年7月18日生まれ。

日本のフランス文学者、元・甲南大学教授、現・甲南大学名誉教授。本名・邦子。旧姓・内藤。大阪大学文学部仏文科卒。同大学院博士課程満期退学。パリ第4大学文学博士取得。1981年甲南大学文学部助教授、教授。2013年退職、名誉教授。ルイ＝フェルディナン・セリーヌ、スタンダールなどを研究、恋愛やフェミニズムを論じる。

・著書

『性の崩壊 男と女の性差がなくなる時』フォー・ユー 1988
『白鳥のシンボリズム 神話・芸術・エロスからのメッセージ』御茶の水書房 1990
『純愛コンプレックス どう愛すればいいのか?』大和書房 1993
『せつない恋の育て方 ヒロインたちの愛の選択』PHP研究所 1997
『フランス流恋愛の作法 幸せをつかむ101の言葉』PHP文庫 2000
『失恋という幸福 U教授の『恋愛論』講義』人文書院 2003
『恋愛達人の世界史』中公新書ラクレ 2006

・共著、編集

『フランス文学/男と女と』西川祐子共編 勁草書房 1991
『暴力の発生と連鎖 心の危機と臨床の知』編 人文書院 2008

・翻訳

オーノワ夫人『ロゼット姫 フランス妖精物語』東洋文化社・メルヘン文庫 1980
L・F・セリーヌ『教会 五幕劇』松籟社 1981
ミルトン・ヒンダス『敗残の巨人 現代文学の異様な冒険 セリーヌ会見記』松籟社 1982
エリザベート・バダンテール『男は女、女は男』饗庭千代子共訳 筑摩書房 1992
バダンテール『XY 男とは何か』饗庭千代子共訳　筑摩書房 1997
エルネスト・ルナン『イエスの生涯』忽那錦吾共訳 人文書院 2000
ジャン＝ピエール・ヴェルナン『ギリシア人の神話と思想　歴史心理学研究』ディディエ・シッシュ、饗庭千代子共訳　国文社 2012
ヤーロム『死の不安に向き合う　実存の哲学と心理臨床プラクティス』、羽下大信、上村くにこ、饗庭千代子、宮川貴美子訳、岩崎学術出版社、2018年

死にぎわに何を思う
日本と世界の死生観から

2020年7月18日　第1刷発行
著　者――上村くにこ
発　行――アートヴィレッジ
〒657-0846　神戸市灘区岩屋北町3-3-18　六甲ビル4F
ＴＥＬ．078-806-7230
ＦＡＸ．078-801-0006
ＵＲＬ．http://art-v.jp/